Ulrike Steinkrüger

Rundwanderwege zur Archäologie in Ostwestfalen-Lippe

Ardey-Verlag
Münster 2022

Gefördert durch

Gesellschaft zur Förderung der Archäologie in Ostwestfalen e. V.

Erfahren Sie mehr über die GeFAO

Mehr zu archäologischen Wanderwegen

Dieser Wanderführer wurde mit größter Sorgfalt erstellt. Für die Richtigkeit, Vollständigkeit und Aktualität der Inhalte können wir jedoch keine Gewähr übernehmen.

(Ardey-Verlag GmbH, An den Speichern 9, D-48157 Münster)

ISBN 978-3-87023-470-6

Umschlagabbildungen
Ulrike Steinkrüger

Satz und Gestaltung
Umschlaggestaltung
Heike Amthor, Fernwald

Druck
Grafisches Centrum Cuno, Calbe (Saale)

www.ardey-verlag.de

Bibliografische Information der Deutschen Nationalbibliothek
Die Deutsche Nationalbibliothek verzeichnet diese Publikation in der Deutschen Nationalbibliografie; detaillierte bibliografische Daten sind im Internet über https://portal.dnb.de/ abrufbar.

Inhalt

GPX-Tracks zu den Wanderungen kostenlos auf der Internetseite der Altertumskommission für Westfalen: www.altertumskommission.lwl.org/de/archaologisches-wandern/in-owl

Geleitwort Gesellschaft zur Förderung der Archäologie in Ostwestfalen e.V.

Die Gesellschaft zur Förderung der Archäologie in Ostwestfalen e.V. (GeFAO) wurde 1996 als gemeinnütziger Verein gegründet. Die Förderung der Archäologie in ganz Ostwestfalen und die Vermittlung von archäologischen Themen an die Öffentlichkeit sind allen Mitgliedern ein großes Anliegen. Dazu zählen u.a. die finanzielle Unterstützung zahlreicher Ausgrabungen und Forschungen, die Herausgabe der Zeitschrift *Archäologie in Ostwestfalen* sowie viele Veranstaltungen.

Zu unserem bürgerschaftlichen Engagement gehört auch die sogenannte Kreuzkirche auf dem Wittekindsberg bei Porta Westfalica, an der die Wandertour 5 vorbeiführt. Deren Fundamente in Form eines griechischen Kreuzes hatten Ausgrabungen der LWL-Archäologie für Westfalen 1996–1997 freigelegt. Die in dieser Region höchst ungewöhnliche Bauweise entpuppte sich als Sensation. Nach Abschluss der Grabungen sollten die Fundamente aus konservatorischen Gründen wieder mit Erde überdeckt werden. Witterungsmäßig wären die Mauern aufgrund ihrer Lehmbauweise ansonsten rasch verfallen.

Die Ausgrabungen hatten im Raum Minden-Lübbecke jedoch viel Beachtung gefunden. Öffentlich war dort der Ruf nach einer Erhaltung der Kreuzkirche unüberhörbar. Eine kleine Gruppe ortsansässiger Mitglieder setze sich für die Errichtung eines gläsernen Schutzbaus ein. Jürgen Schünemann gewann großzügige Sponsoren aus der örtlichen Wirtschaft und warb zusätzlich Fördermittel der NRW-Stiftung ein. 2009 konnte der architektonisch eindrucksvolle Schutzbau öffentlich eingeweiht werden. Die GeFAO, Besitzerin des Denkmals und des Schutzbaus, trägt seitdem die Folgekosten der Bauunterhaltung, Versicherungen und Abgaben. Auch die riesigen Fensterflächen müssen in gewissen Abständen gewerblich geputzt werden, weil Menschen hindurchschauen wollen!

Das Anliegen der GeFAO, ein breites Publikum für die Archäologie zu interessieren und zu sensibilisieren, erfüllt auch die vorliegende Publikation. Sie führt Wandernde an archäologischen Denkmälern vorbei und informiert über diese. Als gebürtige Ostwestfälin, Archäologin, erfahrene Autorin und Wanderexpertin vereint Ulrike Steinkrüger Eigenschaften, die sich bestens für einen archäologischen Wanderführer durch das östliche Westfalen und Lippe eignen. Daher war es dem Verein eine große Freude, diesen archäologischen Wanderführer zu unterstützen und damit zu seinem Gelingen beizutragen.

Sebastian Kühlborn

Dr. Johann-Sebastian Kühlborn
Vorsitzender der Gesellschaft
zur Förderung der Archäologie
in Ostwestfalen e. V.

Geleitwort Altertumskommission für Westfalen und LWL-Archäologie für Westfalen

Nach dem erfolgreichen ersten Wanderführer mit archäologischen Rundwanderungen zur Archäologie im Münsterland, freuen wir uns über das Zustandekommen des Folgebandes zur Region Ostwestfalen-Lippe.

Erneut nimmt Ulrike Steinkrüger alle Wanderinteressierten – Laien wie Fachleute – mit auf 14 verschiedene Zeitreisen zu archäologischen Besonderheiten. Dazu gehören weithin bekannte Highlights wie die Externsteine oder das UNESCO-Weltkulturerbe Corvey ebenso wie eher verborgene archäologische Denkmäler, zu denen zum Beispiel die bronzezeitlichen Grabhügel auf dem Kamm des Teutoburger Waldes bei Oerlinghausen im Kreis Lippe, die frühneuzeitlichen Bergbauspuren im Raum Borgholzhausen im Kreis Gütersloh oder das jungsteinzeitliche Erdwerk von Warburg-Rimbeck im Kreis Höxter gehören.

In gelungener Weise verbinden die ausgearbeiteten Wanderrouten das Natur- mit dem Kulturerlebnis. So werden Entspannung im Grünen und das Erfahren von Wissenswertem über die Vor- und Frühgeschichte Ostwestfalen-Lippes ideal miteinander verflochten. Von dieser Kombination erhoffen wir uns als archäologisch-landeskundliche Forschungseinrichtung und als amtliche Bodendenkmalpflege eine Sensibilisierung für das Thema Archäologie. Der Schutz unserer Natur und der darin verborgenen Kulturdenkmäler sind uns ein großes Anliegen, das wir gerne weitertragen möchten. Hierzu trägt die vorliegende Publikation in vorbildlicher und anschaulicher Weise bei.

Dr. Aurelia Dickers
Altertumskommission für Westfalen

Dr. Sven Spiong
LWL-Archäologie für Westfalen
Außenstelle Bielefeld

Einleitung

Ostwestfalen-Lippe umfasst mit rund 6500 km² Fläche einen sehr vielfältigen Naturraum. Bei der Erarbeitung der 14 Rundwandertouren, die in die Archäologie dieser Region einführen sollen, habe ich versucht, die Touren räumlich breit zu streuen. So entstand ein abwechslungsreicher Wanderführer mit Wanderungen durch das Wiehengebirge, das Ravensberger Hügelland, den Teutoburger Wald, das Paderborner Land, das Eggegebirge, die Warburger Börde und das Weserbergland.

In dieser Landschaft befinden sich zahlreiche archäologische Spuren, die inmitten schönster Natur auf den Wanderungen entdeckt werden können – einige sind nicht zu übersehen und für andere muss ganz genau hingeschaut werden. Manchmal sind es sogar so viele Relikte, dass sie nicht alle im Einzelnen beschrieben werden konnten, ohne den Rahmen dieses praktischen Buchformats zu sprengen. Alle, die also noch mehr entdecken als aufgeführt ist, sind eingeladen, weiter zu recherchieren.

Der Wanderführer deckt nicht nur räumlich, sondern auch zeitlich ein möglichst breites Spektrum von der Jungsteinzeit über die Metallzeiten und das Mittelalter bis in die Neuzeit ab. Bei jeder Wanderung steht eine bestimmte Epoche im Vordergrund, die farblich gekennzeichnet ist (grau = Jungsteinzeit, braun = Bronzezeit, lila = Eisenzeit, grün = Mittelalter, blau = frühe Neuzeit).

Um nicht nur von den Fundstätten einen Eindruck zu vermitteln, sondern auch vom archäologischen Fundspektrum der Region, wird in jedem Kapitel ein in der Nähe der Tour entdecktes Fundstück vorgestellt. Viele davon stellen Fundhighlights der westfälischen Archäologie dar und sind im LWL-Museum für Archäologie in Herne, dem LWL-Museum in der Kaiserpfalz in Paderborn oder einem der lokalen Museen ausgestellt.

Der Startpunkt der Touren ist in der Regel auf den ÖPNV ausgerichtet (Fahrplanauskünfte z. B. auf: www.vvowl.de oder www.owlmobil.info). Die Touren folgen, wenn möglich, markierten Wanderwegen von übergeordneten Wandervereinen (Teutoburger-Wald-Verband, Eggegebirgsverein, Sauerländischer Gebirgsverein) oder von örtlichen Initiativen. Wegen einiger schwerer Stürme und Schäden durch den Borkenkäfer kann es unter Umständen in Waldgebieten passieren, dass die Wanderwegmarkierungen nicht vollständig sind, da die Markierungsträger fehlen. Daher ist es für alle Touren sinnvoll, sich mit Kartenmaterial zu versorgen und/oder den gpx-Track aufs Smartphone zu laden: www.altertumskommission.lwl.org/de/archaologisches-wandern/in-owl

Die Angaben zur Gastronomie entlang der Wanderstrecken entsprechen dem Stand zum Zeitpunkt der Drucklegung des Buches. Sie sollten vor jeder Tour noch einmal überprüft werden.

Für das Zustandekommen dieser Publikation möchte ich mich an erster Stelle bei der Gesellschaft zur Förderung der Archäologie in Ostwestfalen und der Altertumskommission für Westfalen für die großzügige finanzielle Unterstützung bedanken. Auch die LWL-Archäologie für Westfalen hat mit der Nutzungserlaubnis für zahlreiche, oftmals eigens für diesen Band erstellten Fotos und Abbildungen einen wesentlichen Beitrag geleistet. Zusätzlich haben mir viele Kolleg*innen aus der Archäologie und Spezialist*innen aus verschiedenen Fachbereichen sowie Ehrenamtliche vor Ort mit Diskussionen, Ratschlägen, Bildmaterial und Korrekturen weitergeholfen und damit maßgeblich zum Gelingen des Buches beigetragen. Mir persönlich haben nicht nur die Planungen, Vorwanderungen und inhaltlichen Recherchen viel Spaß gemacht. Ich habe es auch sehr genossen, über dieses Projekt auf den Wanderwegen ebenso wie am Schreibtisch mit so vielen hilfsbereiten Menschen in Kontakt zu kommen.

Allen Interessierten wünsche ich viel Spaß beim Wandern oder wie die Westfalen sagen

Gutt goahn!

(= »Mach's gut« oder »Lass' es dir gut gehen«)

Ulrike Steinkrüger

Wanderung 1

Drei Berge und eine Stadt, die es gibt

Die Hünenburg in Bielefeld

Auf dieser Tour werden mit der Hünenburg, dem Johannisberg und dem Sparrenberg tatsächlich drei Berge erklommen. Aber keine Angst – mit etwas Fitness oder ausreichend Pausen ist das auch für nicht so Geübte möglich. Und es lohnt sich! Die Wanderung bietet nicht nur vielfältige archäologische Highlights, sondern auch fantastische Ausblicke.

Informationen

Start/Ziel: Hauptbahnhof Bielefeld

Weglänge: 15,8 km

Reine Gehzeit: 4:30 h

Steigung: ↗/↘ 282 m

Schwierigkeit: mittelschwere Wanderung mit mehreren Steigungen, nicht kinderwagengeeignet (Treppen am Aufstieg zur Sparrenburg, am Abstieg Johannisberg und in der Unterführung des Ostwestfalendamms)

Einkehrmöglichkeiten: verschiedene in Bielefeld-Innenstadt, Restaurant Sparrenburg (www.restaurant-sparrenburg.de), Café in der Musik- und Kunstschule (www.muku-bielefeld.de/muku-cafe), Zweischlingen (www.zweischlingen-gastro.de), Meierhof Olderdissen (www.meierhof-olderdissen.eu), Café im Bauernhausmuseum (www.bielefelder-bauernhausmuseum.de/museum/cafe/)

ÖPNV: Hauptbahnhof Bielefeld

Parkplätze: mehrere Parkhäuser in Bahnhofsnähe; alternativer Einstieg am kostenlosen Wanderparkplatz Zweischlingen »Osnabrücker Straße« 200 unter Auslassung des Teils vom Bahnhof zum Alten Markt

Markierte Wanderwege: Hermannsweg [H], [X 19], [Hünenburgweg], [Pilgerweg]

Wegbeschreibung

Den Bahnhof verlassen Wandernde geradeaus über die **Herbert-Hinnendahl-Straße**. Vom Kreisverkehr (**Willy-Brandt-Platz**) geht es über **Herforder Straße** bis zum **Jahnplatz** und dort links in **Niedernstraße**, die bis zum **Alten Markt** führt. Von hier folgen Wandernde dem [Muschel-Symbol] durch die kleine Gasse an der **ArchäoWelle** ① vorbei bis zur **Sparrenburg** ②. Dort gehen sie links um die Burg herum – also nach der Besichtigung rechts unter der Brücke durch und wieder rechts um die Burg bis zur Musik- und Kunstschule. Der Pilgerweg begleitet Wandernde noch über die **Arthur-Ladebeck-Straße** hinaus, an der **Alten Rennbahn/Bleiche** vorbei und den **Haller Weg** entlang. An der Werkstatt Haller Weg verlassen Wandernde den [Muschel-Symbol] und biegen links in den Rad-/Fußweg. Hinter dem eingezäunten Gelände (Tennisplätze) rechts einem Pfad bergauf in den Wald zur **Galgenheide** ③ **a** folgen. An der T-Kreuzung links und an der nächsten Gabelung rechts kommen Wandernde an der **Friedrich-Schanze** ③ **b** vorbei. An den nächsten beiden Gabelungen (**Bombentrichter** auf der rechten Seite) und an der Kreuzung mit der Infotafel geradeaus halten. Dem Weg rechts um die Kurve an einer Wiese entlang folgen. (Die **Cumberland-Schanze** ③ **c** liegt etwa 40 m südlich, scharf links hinter der Wiese im Wald.) An der nächsten Kreuzung rechts bergauf in den Wald. An der Kreuzung halblinks halten und immer geradeaus bis zur **Kapelle auf dem Jostberg** ④. Hier links und sofort wieder links um die Ruine herum. Auf dem Schotterweg geradeaus bergab bis zu einer Kreuzung, an der Wandernde dem [X] nach rechts folgen (Durchfahrt Verboten-Schild, kleines Steinhaus). Es geht bergauf zu einer Gabelung, an der sich Wandernde nach links wenden [**Raute 4**]. An der nächsten Gabelung geradeaus und kurz vor einem eingezäunten Gelände liegt die **Landwehr** ⑤, in deren Graben die Tour rechts bergauf bis zum Weg führt, dem sie nach links folgt. An der nächsten Gabelung rechts dem [Turm-Symbol] folgen. Der Weg schlängelt sich den Berg hoch und nach der letzten Linkskehre ist rechts am Hang der Wall der **Hünenburg** ⑥ sichtbar. Oben geht es rechts auf den [**H**]. Diesem folgen Wandernde nun durch den **Tierpark Olderdissen**, am **Bauernhausmuseum** und einem bis zu 6 m tiefen **Hohlweg** (Teilstück eines alten Weges von Kirchdornberg nach Bielefeld) vorbei, über den **Johannisberg** ⑦, unter dem Ostwestfalendamm durch und über die **Obernstraße** bis zum **Alten Markt**. Der Rückweg erfolgt wie der Hinweg nach links über die **Niedernstraße** zum **Jahnplatz**, dort rechts der **Herforder Straße** bis zum **Willy-Brandt-Platz** folgen, und links an der Stadthalle vorbei zum Bahnhof.

ArchäoWelle ①

Im Vorfeld eines Neubaus an der »Welle« wurden bei Ausgrabungen spannende und fast lückenlose Einblicke in die Geschichte Bielefelds bis zur Zerstörung des Areals 1944 gewonnen. Einige der Befunde konnten für Interessierte vom Gehweg sowie von den Geschäften aus sichtbar gemacht werden.

Keramikscherben zeigen, dass die Siedlung ihre Wurzeln im 8. Jahrhundert hat. An der »ArchäoWelle« befinden Wandernde sich im südlichen Altstadtbereich mit der Stadtmauer. Die erste Holzbefestigung wurde im Schaufenster rekonstruiert, die danach errichtete Bruchsteinmauer ist noch in Originallage zu sehen. Sie wurde zwischen der einst sumpfigen Niederung des (heute kanalisierten) Bohnenbachs im Süden und der auf einem Sandrücken befindlichen Altstadt errichtet. Zunächst war die Bebauung locker gestreut. Zu einem an der Straße gelegenen Fachwerkhaus gehörte ein dahinter befindliches Steinhaus, in dem Ware einbruch- und feuersicher gelagert wurde. Im Obergeschoss befand sich ein repräsentatives Zimmer mit Kamin. In Resten von blauem Wandputz konnte Lapislazuli nachgewiesen werden: eine Kostbarkeit! Hier muss ein reicher Kaufmann gewohnt haben. Weiterhin wurden Spuren von Handwerk wie Gerberei und Eisenverarbeitung festgestellt.

In der ersten Hälfte des 13. Jahrhunderts entwickelte sich aus der lockeren Besiedlung die Altstadt und auf dem Berg wurde die Sparrenburg② errichtet. Dazwischen siedelten sich weitere Handwerker und Kaufleute an und ließen die Neustadt entstehen. Die beiden durch den Bohnenbach getrennten, eigenständigen Städte hatten eigene Rathäuser, Kirchen und Befestigungen. Mit ihrer Zusammenlegung 1520 sind größere Veränderungen zu beobachten. Die südliche (Alt-)Stadtmauer wurde abgetragen und die sumpfige Bachniederung aufgefüllt, um weiteres Bauland zu gewinnen. Der Bach war für die Wasserversorgung jedoch weiterhin unerlässlich. Bereits seit 1452 wurde zusätzliches Wasser aus der Lutter abgezweigt und eingeleitet. Die nun sehr viel dichtere Bebauung auf kleineren Grundstücken blieb bis zur Bombardierung 1944 erhalten.

Sparrenburg ②

Die von Graf Ludwig von Ravensberg gegründete und 1256 erstmals erwähnte Sparrenburg liegt an einem Pass über den Teutoburger Wald. Erste Funde gehören in das zweite Viertel des 13. Jahrhunderts. Von der ursprünglichen mittelalterlichen Bebauung stammen nur noch die Basis des Bergfrieds, einzelne Mauerreste, eine Latrine und ein Keller. Der spitz zur Hauptangriffsrichtung ausgerichtete Turm war das Zentrum der alten Befestigungsanlage. Die Sparrenburg war Wohnsitz der Ravensberger und löste die ältere Burg Ravensberg (Wanderung 7①) als Verwaltungsmittelpunkt ab.

Nachdem das Grafengeschlecht 1347 ausstarb, ließen die nachfolgenden Herzöge von Jülich-Kleve-Berg im 16. Jahrhundert die Burg zur Festung ausbauen. Die Erfindung von Kanonen machte dies erforderlich. An den Ecken wurden doppelstöckige Rondelle mit Geschützplattformen vorgebaut, wie es auf dem Kiekstattrondell gut nachvollziehbar ist. Der eckige Vorbau im Nordwesten ist der sogenannte Scherpentiner. Er sollte eine Schwachstelle zusätzlich absichern. Im Innern wurden die Grundmauern des Zeughauses freigelegt und sichtbar gemacht.

Die Burg wurde mehrfach belagert, aber nie eingenommen. Irgendwann diente sie nur noch als Gefängnis (Exkurs) und verfiel dann. Im 19. Jahrhundert begann der romantisierende Wiederaufbau, als Flakstellung im 2. Weltkrieg wurde die Sparrenburg allerdings Ziel zahlreicher Bombenangriffe.

Galgenheide ③a mit Friedrich- ③b und Cumberland-Schanze ③c

Das heutige Naturschutzgebiet Blömkeberg ist ein geschichtsträchtiger Ort. Hier stand auf der Galgenheide **(a)** vom Mittelalter bis weit in das 18. Jahrhundert ein städtischer Galgen (Exkurs).

Die sogenannte Friedrich-Schanze **(b)** ist Teil einer mittelalterlichen Landwehr. Erhalten ist ein 240 m langer Abschnitt mit zwei Wällen und drei Gräben. Sie wurde im Dreißigjährigen Krieg (1618–48) unter dem Großen Kurfürsten Friedrich Wilhelm als Schutzwall reaktiviert.

Später spielte der Berg eine Rolle im Krieg von Preußen, Großbritannien und einigen deutschen Fürstentümern gegen Frankreich, Österreich und ihre Verbündeten (Siebenjähriger Krieg 1756–63). Archäologisches Zeugnis dieser Auseinandersetzungen ist die sogenannte Cumberland-Schanze **(c)**. Sie wurde 1757 auf Befehl des englisch-preußischen Kommandeurs errichtet, dem Duke of Cumberland. Hier war an der linken Heeresflanke eine preußische Einheit positioniert. Sie erwartete die von Süden heranziehende gegnerische Armee, welche die Stellung jedoch umging. Am 13. Juni 1757 befahl Cumberland den Abmarsch Richtung Minden. Fast 50.000 Soldaten mit Tross traten nun auf teils chaotische Art und Weise den Rückzug mitten durch Bielefeld an. Trotz Ausbleibens einer Schlacht richteten beide Kriegsparteien innerhalb von wenigen Tagen in Bielefeld und dessen Umland erhebliche Schäden an. Die Stadt wurde von den Franzosen besetzt.

Friedrich-Schanze

Kapelle auf dem Jostberg ④

An einer alten Wegkreuzung befindet sich der Grundriss einer Kapelle. Sie ist der hierher verlegte Nachfolgebau einer nach 1480 entstandenen, dem hl. Jodokus (= niederdeutsch »Jost«) geweihten Kirche, die zahlreiche Pilgernde aus der Umgebung angezogen hatte. Ab 1498 übernahmen Franziskaner deren Betreuung und ließen das neue Gotteshaus mit Klostergebäuden errichten. Sie wurden 1502 bezogen.

Kaum zu glauben, dass hier einst ein ansehnlicher Klosterkomplex mit Kapelle, Refektorium (Speisesaal), Wirtschaftsgebäuden, Bibliothek und Garten stand. Doch scheinen die Mönche mit der Lage auf dem einsamen Berg – auch im wahrsten Sinne des Wortes – nicht warm geworden zu sein. Nach nur fünf Jahren Anwesenheit zogen sie in die Stadt Bielefeld um. Die umliegenden Gebäude wurden abgebrochen und die immerhin 26 m lange, spätgotische Saalkirche verfiel allmählich.

Der kleine Mauerdurchlass im Chor ist ein sogenanntes Sakrarium bzw. Heiliger Ausguss. Er diente dazu, alle Flüssigkeiten, die geweiht waren oder mit heiligen Gegenständen in Berührung gekommen sind (z. B. das zum Spülen des Messkelchs verwendete Wasser), in geweihten Boden abfließen zu lassen.

Landwehr ⑤

Über den Jostberg verlief ein mittelalterlicher Handelsweg von Bielefeld nach Osnabrück. Sieben Schlingen, also Landwehrdurchlässe, sind hier bekannt.

Oberhalb des Restaurants Zweischlingen ist eine aus drei Wällen und vier Gräben bestehende Befestigungslinie schwach erhalten. Sie kann nach Norden fast bis an den Steinbruch im Bereich der Hünenburg ⑥ verfolgt werden. Auch nach Süden findet sie ihre Fortsetzung, womit sie mindestens 1,4 km lang war. Allerdings handelt es sich hier weniger um eine Landwehr im eigentlichen Sinne, die wie in Höxter (Wanderung 4) oder Herford (Wanderung 14) ganze Stadtgemarkungen umschlossen, sondern eher um einen geradlinig verlaufenden Sperrriegel, vielleicht eine Wegsperre, die den Hang des Teutoburger Waldes abriegelte und den Ost-West-Verkehr am Durchlass bündelte. Die Wegsperren befinden sich in einem Abstand von jeweils ca. 0,7 km zueinander. Wann genau und ob sie gleichzeitig existierten, bleibt weiteren Forschungen vorbehalten.

Hünenburg ⑥

Die Hünenburg besteht aus einer Befestigungslinie, die heute aus noch flach sichtbaren Wallabschnitten sowie künstlichen Terrassen mit steiler Außenböschung besteht. Sie umschließt ein Areal von 2,8 ha Größe. Nach Süden ist der Hang ziemlich tief in die Anlage einbezogen, vermutlich weil sich hier einmal eine durch einen mittelalterlichen Steinbruch zerstörte Quelle befand. Die Nutzung des Innenraums wird sich auf die flacheren Bereiche der Kuppe konzentriert haben. Nur hier ist die Befestigung auch als Wall ausgebildet.

Die Hünenburg wurde in der vorrömischen Eisenzeit, vermutlich im 3. Jahr-

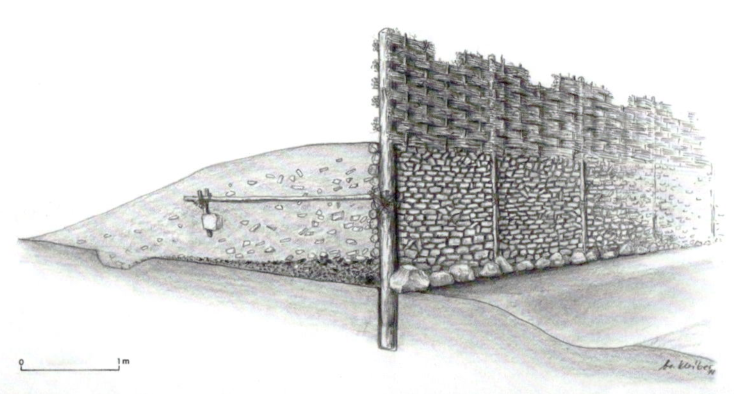

hundert v. Chr. errichtet. Der Erdwall trug ehemals eine Pfosten-Bohlen-Wand, bei der innen und außen Reihen senkrechter Pfosten dazwischen gestapelte, liegende Bohlen festhielten. Innen stützten schräg eingesetzte Hölzer die Wand, während außen zwischen den Pfosten eine Trockenmauer vorgeblendet war. Die erste Befestigung brannte um 270 v. Chr. ab und wurde wieder aufgebaut. Für die neue Anlage wurden die wesentlichen Konstruktionsmerkmale beibehalten. Innen wurde die Pfosten-Bohlen-Wand nun mit einer Aufschüttung aus Erde und Steinen stabilisiert.

Viele moderne Eingriffe stören das Areal und erschweren die Interpretation der Befunde. Zumindest die vom Bau des Fernmeldeturms 1972 betroffenen Bereiche wurden archäologisch untersucht. Bei der Errichtung des nicht mehr vorhandenen Drei-Kaiser-Turms Ende des 19. Jahrhunderts ging dagegen viel archäologische Substanz verloren. Es lassen sich zum Beispiel keine Aussagen mehr zur Lage und Bauweise der Tore machen.

Wegen der geringen Fundmenge kann die Anlage am ehesten als Fluchtburg angesprochen werden, die von der im nördlich anschließenden Umland wohnenden Bevölkerung in Notzeiten gemeinsam mit Nutztieren aufgesucht wurde.

Johannisberg ⑦

Mitten im Idyll einer im 18./19. Jahrhundert gestalteten Parkanlage befanden sich während des 2. Weltkriegs zwei Lager für Zwangsarbeiter*innen. Von Idylle keine Spur mehr. Leid und Elend bestimmten das Leben der ca. 1000 Menschen, die vor allem aus osteuropäischen Ländern hierher verschleppt wurden, um für Bielefelder Firmen zu arbeiten. Besonders die Dürkopp-Werke als großer Rüstungsproduzent zogen Nutzen daraus.

Eine ca. 13 × 8 m große Baracke des Lagers, in dem etwa 500 Frauen aus der Ukraine untergebracht waren, konnte von Archäolog*innen im Bereich des heutigen Kletterparks eingemessen werden. Vermutlich handelte es sich um ein Waschhaus. Die Zwangsarbeiter des zweiten Lagers waren in einem alten neugotischen Schützenhaus beherbergt, das 1944 bei einem Bombenangriff beschädigt wurde.

Exkurs: Die Hinrichtung des Räuberhauptmanns Gering

Am 6. Dezember 1782 wurde auf der Galgenheide ③a der in der Region Ravensberg berüchtigte Räuberhauptmann Daniel Philipp Gering gehenkt.

Seine kriminelle Karriere hatte er schon als Kind begonnen. Später arbeitete er sich als Deserteur in einer westfälischen Diebesbande in eine Führungsposition hoch. Nach dem Zerschlagen der Gruppe und der Exekution des Anführers sammelte er als Hauptmann eigene Spießgesellen um sich. 1778/79 wurde er in seiner neuen Funktion erstmals festgenommen und auf der Burg Ravensberg (Wanderung 7 ①) eingesperrt. Er konnte jedoch fliehen. Nach erneuter Flucht von der Sparrenburg ② im Februar 1782 wird er in einem Steckbrief beschrieben als »41 Jahr alt, frischen vollen Angesichts, 5 Fuß 6 Zoll groß, starker Statur, blonde schlichte abgestutzte Haare«. Als er im August erneut aufgegriffen und in der Sparrenburg eingekerkert wurde, war sein Schicksal besiegelt. Es sollte ein öffentliches Spektakel werden: An besagtem 6. Dezember wurde er bei Glatteis in Fußketten von der Burg aus von 300 Soldaten, einem Priester, einem Schulchor und zahlreichen Schaulustigen zur ca. 2 km entfernten Galgenheide eskortiert und starb dort durch den Strang.

Literatur- und Kartentipps

- Klaus Günther, Die Hünenburg. Kreisfreie Stadt Bielefeld. Frühe Burgen in Westfalen 4, hg. von der Altertumskommission für Westfalen. Münster 2001.
- Heinz-Günter Horn (Hrsg.), Theiss Archäologieführer Westfalen-Lippe. Stuttgart 2008, 39–44.
- Jochen Rath, 6. Dezember 1782: Bielefeld streitet über eine Hinrichtung, https://historischer-rueckklick-bielefeld.com/2017/12/01/01122017, Bielefeld 2017.
- Jochen Rath, 13./14. Juni 1757: Der Siebenjährige Krieg erreicht Bielefeld – Straßengefechte und Plünderung der Gadderbaumer und Milser Bleichen, https://historischer-rueckklick-bielefeld.com/2007/06/01/01062007/, Bielefeld 2007.
- Elke Treude/Daniel Bérenger, Ostwestfalen-Lippe. Ausflugsziele zwischen Detmold, Bielefeld und Porta-Westfalica. Ausflüge zu Archäologie, Geschichte und Kultur 50. Stuttgart 2009, S. 104–116; 166–169.

Dieser wegen seiner Form so benannte Glockenbecher stammt aus einem Grabhügel der späten Jungsteinzeit (ca. 2500 v. Chr.). Der Fundplatz liegt unter dem heutigen Ostwestfalendamm nahe des Blömkebergs. Das Keramikgefäß ist auf den gesamten 27 cm Höhe umlaufend verziert und gehört zu den typischen Grabbeigaben dieser Zeit.

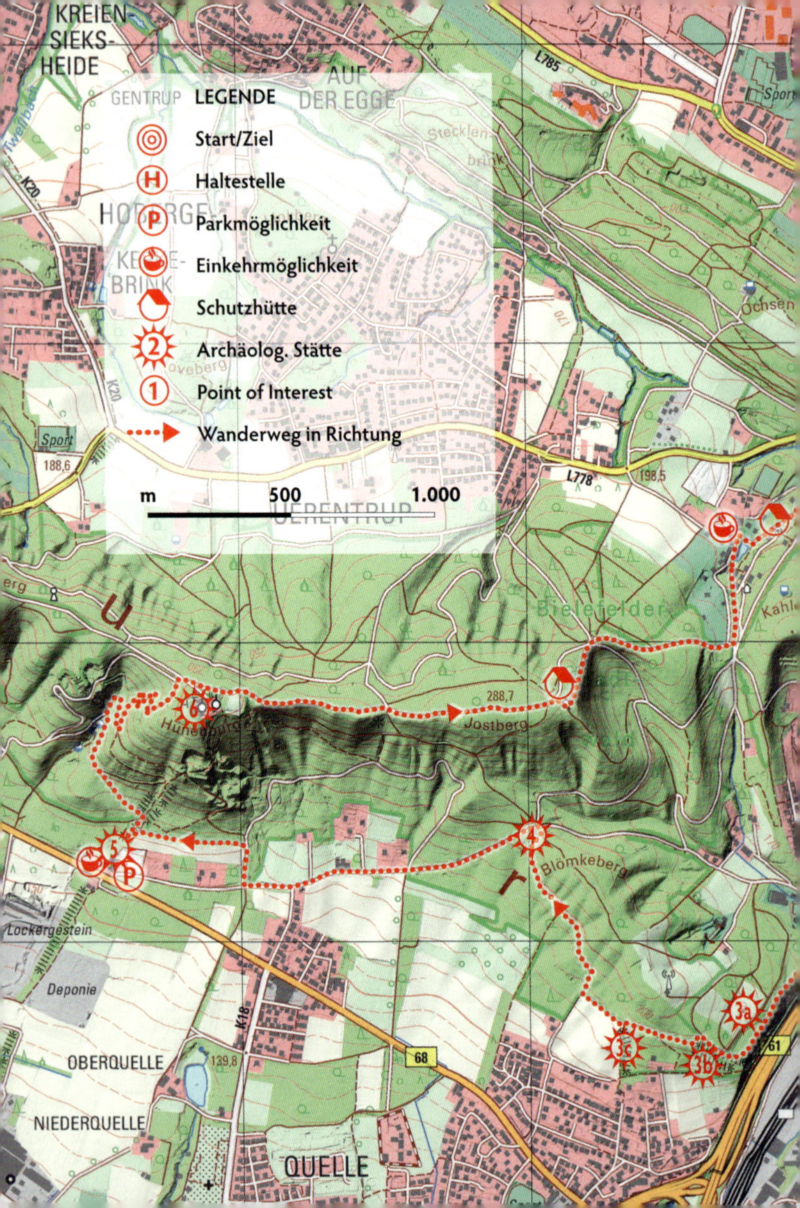

LEGENDE
Start/Ziel
Haltestelle
Parkmöglichkeit
Einkehrmöglichkeit
Schutzhütte
Archäolog. Stätte
Point of Interest
Wanderweg in Richtung
m
500
1.000
KREIEN-SIEKS-HEIDE
GENTRUP
AUF DER EGGE
Stecklenbrink
L785
K20
Sport
Ochsen
188,6
L778
198,5
UERENTRUP
Bielefelder
Kahle
288,7
Jostberg
Blömkeberg
Lockergestein
Deponie
K18
68
61
OBERQUELLE
139,8
NIEDERQUELLE
QUELLE

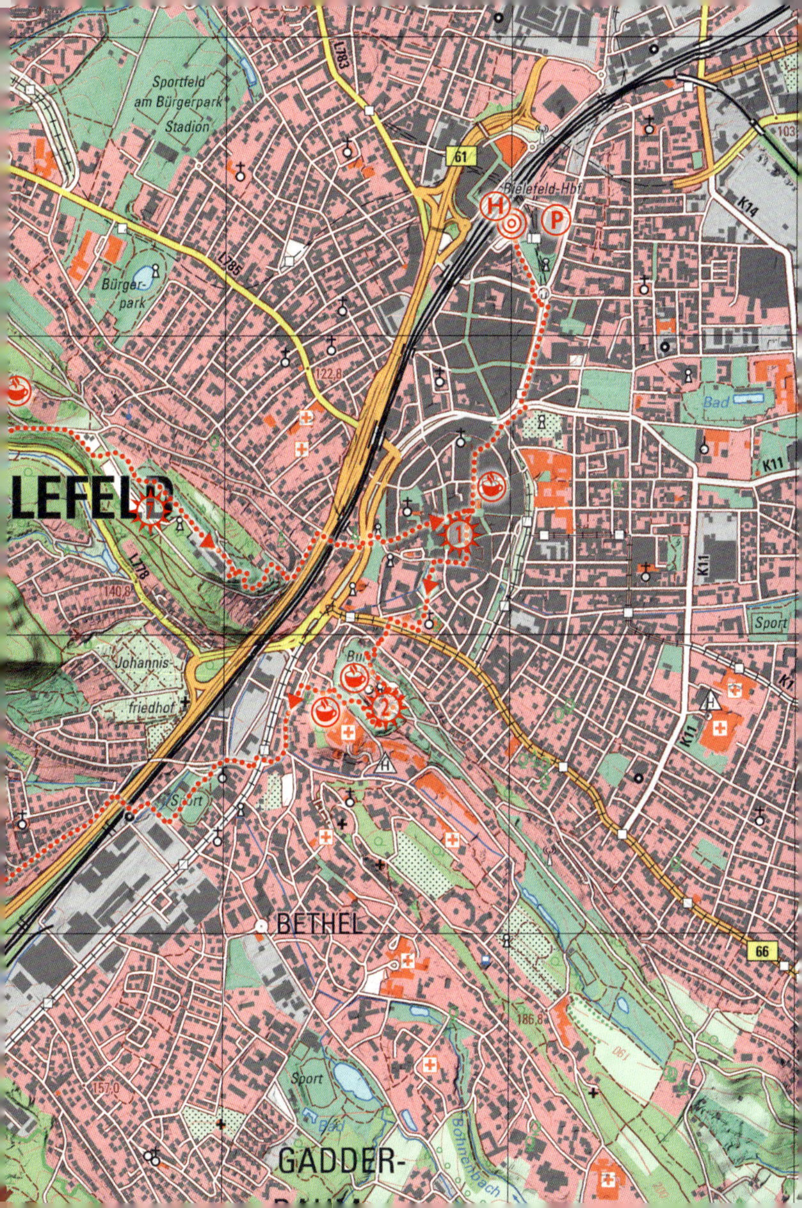

Sportfeld
am Bürgerpark
Stadion
L783
61
Bielefeld-Hbf
K14
103
Bürger-
park
L785
122,8
Bad
K11
LEFELD
L778
140,8
Johannis-
friedhof
Sport
K11
Sport
BETHEL
66
186,8
157,0
Sport
Bad
GADDER-

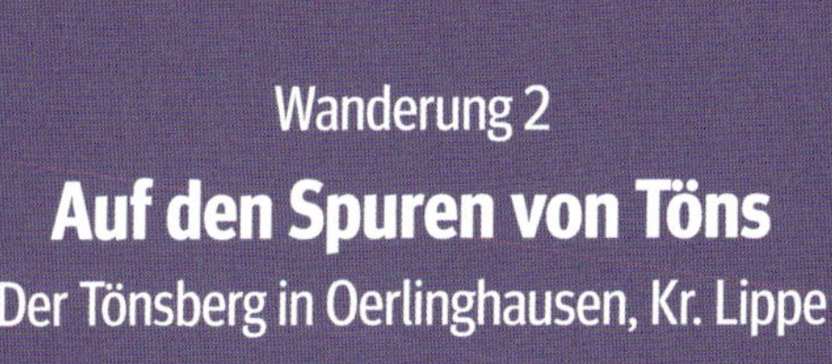

Wanderung 2

Auf den Spuren von Töns

Der Tönsberg in Oerlinghausen, Kr. Lippe

Diese Wandertour führt mit dem Tönsberg und der Oerlinghauser Senne durch das größte zusammenhängende Naturschutzgebiet Nordrhein-Westfalens. Die Einrichtung des NSG Tönsberg schützt das durch forstwirtschaftliche Nutzung in Mitleidenschaft gezogene Bodendenkmal der Wallburg. Zugleich entsteht hier ein naturnaher Buchenmischwald.

Informationen

Start/Ziel: Alexanderkirche Oerlinghausen

Weglänge: 14,7 km

Reine Gehzeit: 4:15 h

Steigung: ↗/↘ 326 hm

Schwierigkeit: mittelschwere Wanderung mit mehreren Steigungen, nicht kinderwagengeeignet

Einkehrmöglichkeiten: verschiedene in Oerlinghausen, Berggasthof Tönsblick (www.berggasthof-toensblick.de), Kiosk am Archäologischen Freilichtmuseum, Bartholdskrug (www.bartholdskrug.de)

ÖPNV: Bushaltestelle Wehme, »Unter der Howe«, Oerlinghausen (Linie 39)

Parkplätze: »Unter der Howe«/Kreuzung »Pfarrstraße« (P 5)

Markierte Wanderwege:
Hermannsweg [H], [A 5], [A 8], [X 10], [Ochsentour], [A 6]

Tipp: Handtuch einpacken, unterhalb des Tönsbergs befindet sich ein von der Sachsenquelle gespeistes Wassertretbecken.

Wegbeschreibung

Von der Bushaltestelle geht es zur **Alexanderkirche**, hinter der der [H] (Wegweisung: Tönsberg) beginnt. Diesem folgen Wandernde über den Kammweg am **Jüdischen Friedhof** vorbei bis zur Hünenkapelle. Etwa 75 m vor (bei einer Doppelliege nach Süden) und nach dem Lönsstein (Doppelliege nach Norden) sind links am Wegrand **Grabhügel ① a** zu sehen. 250 m weiter am Informationsunterstand wird das Gelände der **Wallburg auf dem Tönsberg ②** betreten. Hinter der Hünenkapelle geht es noch ein kleines Stück geradeaus den Hang hinunter, dann verlassen Wandernde den [H] und biegen vor der Durchquerung des Außenwalls rechts in einen kleinen Pfad, der innen am Wall entlang verläuft. An einer Kreuzung mit zwei Infotafeln dem geschotterten Weg links bergab bis zu einer Kreuzung mehrerer Wege folgen (Rettungspunkt OE 16). Hier in den oberen der zwei nach rechts führenden Wege [A5] (Richtung: Wassertretbecken) einbiegen. An der hinter dem von der Sachsenquelle gespeisten Tretbecken befindlichen Schutzhütte wenden Wandernde sich nach links bergab. Immer geradeaus muss in feuchten Zeiten ein kleiner Bach überquert werden. Dahinter geht es direkt links in den [A8], an etwa 1 km lang rechts vom Weg befindlichen **Hohlwegen und einer Wegsperre ③** sowie einem weiteren gut sichtbaren **Grabhügel ① b** vorbei (Wegweisung: Sandgrube). Wenn Wandernde den Wald verlassen, geht es kurz ohne den [A8] nach rechts und hinter der **Sandgrube** und der **Schaukoppel** mit Schottischen Hochlandrindern und Exmoor-Ponys führt der Weg wieder nach rechts. Nun führt er wieder gemeinsam mit dem [A8] rechts durch die Senke und hoch zu einem Aussichtspunkt (Wegweisung: Archäologisches Freilichtmuseum). Ab hier übernimmt die die Führung bis zum **Archäologischen Freilichtmuseum Oerlinghausen ④**. Am Museumsparkplatz links und sofort wieder rechts in **Wehrenteich**. Rechts 100 m der großen Straße folgen und links bergauf in **Am Widfeld** und geradeaus in den Wald. Hier an zwei Gabelungen rechts halten. Hinter kleineren **Steinbrüchen** gelangen Wandernde an eine Kreuzung mehrerer Wege mit einer Bank. Von hier geht es links auf den [A6], der die Wandertour an **Hohlwegen** vorbei, durch eine Datschensiedlung mit **Grabhügel ① c**, am Bartholdskrug vorbei, über das Gelände des **Römerlagers am Haus Neuland ⑤**, durch das Schopkebachtal und wieder zurück zur Alexanderkirche in Oerlinghausen führt.

Grabhügel ① a, b und c

Jeweils etwa 75 m vor und nach Erreichen des Lönssteins auf dem Kamm befinden sich **Grabhügel (a)** am Nordhang. Gut sichtbar ist der letzte, der sich direkt vor der nach Norden ausgerichteten Doppelliege befindet. Eine Untersuchung von 1925 ergab eine Entstehung in der frühen Bronzezeit um 2000 v. Chr. Der Hügel bestand aus aufgeworfenen Steinen und die verstorbene Person war darunter mittig in einem ausgehöhlten Baumstamm bestattet. Das Geländer gibt die ehemalige Höhe und Breite des Hügels an. Hieran wird deutlich, warum von den anderen Hügeln nicht mehr viel zu erkennen ist: Durch Erosion werden die Grabbedeckungen allmählich weggeschwemmt.

Ein weiterer deutlich erkennbarer **Grabhügel (b)** liegt südlich des Bergkamms, etwa 25 m vom Weg rechts im Wald. Er gehört ebenfalls zu einer Hügelgruppe, von denen die anderen weitgehend erodiert sind. Hier wurden sie aus Sand aufgeschüttet. Der vorliegende Hügel lässt in der Mitte der Kuppe eine trichterförmige Delle erkennen, die für ein Plündern der Grabstelle in früheren Zeiten spricht.

Noch ein bronzezeitlicher **Grabhügel (c)** mit etwa 16 m Durchmesser ist inmitten einer Datschensiedlung im Wald erhalten.

Wallburg auf dem Tönsberg ②

Auf dem Kammweg betreten Wandernde kurz hinter dem Informationsunterstand eine Wallburg. An dieser Stelle befand sich gut geschützt von vorgelagerten Wällen das nordwestliche Tor in die Anlage. Von hier zieht sich nach Süden bis zu einer Quelle ein mächtiger Wall, der in unterschiedlicher Stärke rund um den Sporn führte. Archäologische Suchschnitte ergaben für die Befestigung mehrere, zum Teil zeitlich weit auseinanderliegende Nutzungsperioden. Etwa im 4. Jahrhundert v. Chr. wurde das 7 ha große Gelände aufwendig befestigt. Die Holzwand aus senkrechten Pfosten mit Querhölzern und einer Erdhinterschüttung brannte wie die Hünenburg (Wanderung 1⑥) um 270 v. Chr. ab und wurde kurz darauf durch eine Trockenmauer mit aufgesetzter Brustwehr ersetzt. Eine Rekonstruktion ist im Freilichtmuseum Oerlinghausen④ zu sehen. Diese Mauer existierte bis mindestens in die zweite Hälfte des 1. Jahrhunderts v. Chr., denn zu dieser Zeit wurde sie noch einmal repariert. Dann verfiel sie allmählich.

Die Menge der Funde deutet auf eine langfristige und vermutlich auch kontinuierliche Besiedlung in den ersten drei Jahrhunderten v. Chr. Damit gehört die Wallanlage in eine Zeit der Herausbildung regionaler Gruppen mit gemeinsamen

Grabhügel (c)

kulturellen Ausdrucksweisen. Solche in Gemeinschaftsleistung errichtete Befestigungen gehörten ebenso dazu wie weitreichende Handelskontakte u.a. in den keltisch besiedelten Süden (s. Fundstück). Im 1. Jahrhundert v. Chr. gab es gravierende Veränderungen, in deren Folge auch die Wallburgen aufgegeben wurden.

Erst im frühen Mittelalter, vermutlich in der Karolingerzeit (8./9. Jh. n. Chr.), wurde ein kleiner Teil der Befestigung reaktiviert. Ein Querwall mit vorgeblendeter Trockenmauer und tiefem Außengraben trennte nun ein südöstliches Areal von 1,5 ha ab. Den südlichen Wall haben die Erbauenden stark erhöht. Im Norden bot die zu einem Wall verfallene eisenzeitliche Mauer zusammen mit dem steilen Abhang offenbar ausreichend Schutz. In der Mitte des Querwalls biegen die Wall-Enden nach innen ein und bilden eine Torgasse.

In der folgenden Bauphase wurde das Burgareal erneut auf seine eisenzeitliche Ausdehnung erweitert. Eine bis 1,6 m breite, gemörtelte Zweischalenmauer (Wanderung 5②) umgab das Gelände, außer auf der steilen Nordseite. Zwei gemauerte Kammertore (Wanderung 10①) bildeten die Zugänge. Auch ein 21,6 × 8 m großes Steingebäude mit zwei Innenräumen gehört wohl in diese Phase, die aufgrund der Keramik in das 11./12. Jahrhundert datiert werden kann.

Am südöstlichen Ende der Anlage steht die sogenannte Hünenkapelle. Sie wurde in den 1860er-Jahren als romantische Ruine aufgemauert und geht auf einen spätmittelalterlichen Bau zurück. In älterer Literatur heißt es oft, sie sei von Karl dem Großen errichtet und von einem Einsiedler bewohnt worden.

Hohlwege und Wegsperre ③

Der Wanderweg führt vom Tönsberg aus in eine Schlucht durch den südlichen Kamm des Teutoburger Waldes. Hier fließt auch der in der Südwestecke der Wallburg entspringende Schnatbach ab. Doch nicht nur der Bach, auch einige alte Wege haben sich hier in den Untergrund gegraben. Ein 20 m lang erhaltener, mittig in der Schlucht quer zu den Wegspuren angelegter Wall sollte die Trassen offenbar sperren. Der Sperrwall ist 9,5 m breit und 1,4 m hoch und weist auf der Nordseite einen 0,6 m tiefen Außengraben auf. Die Wegsperre wurde möglicherweise um 1595 errichtet.

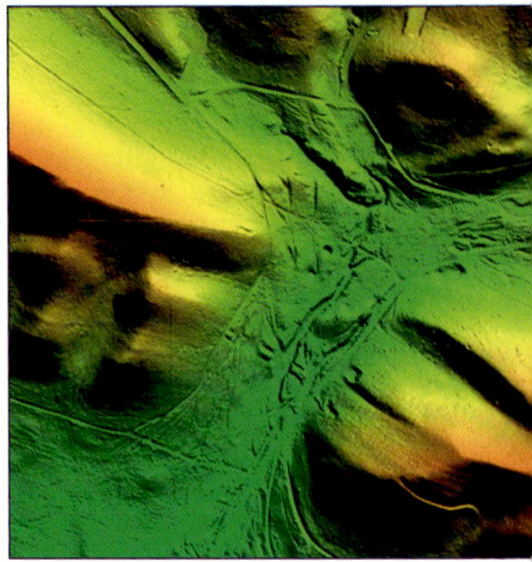

Archäologisches Freilichtmuseum Oerlinghausen ④

Das 1979 wiedereröffnete und seitdem stetig erweiterte Freilichtmuseum bietet mit sechs großen Baugruppen einen Rundweg durch den ur- und frühgeschichtlichen Alltag. Das 1936 eröffnete Vorgängermuseum war das »erste germanische Freilichtmuseum der Welt« und fing klein an mit einem Wohnhaus mit Schmiede und Töpferwerkstatt. Das der NS-Ideologie in die Hände spielende »Germanengehöft« wurde nach dem 2. Weltkrieg abgebrochen, 1961 nach fast gleichem Konzept wieder aufgebaut und nach einem Brand 1973 schließlich nach aktuellen wissenschaftlichen Maßstäben neu errichtet.

Heute umfasst das Museum Wohnstätten von der Altsteinzeit bis zum frühen Mittelalter. Darüber hinaus gibt es einen Versuchsgarten und Rückzüchtungen mittelalterlicher Ziegen und Weideschweine zu sehen. Nicht nur wegen der Rekonstruktion der eisenzeitlichen Befestigungsmauer vom Tönsberg und des bronzezeitlichen Totenhauses lohnt sich der Besuch als ideale Ergänzung zu den auf der Wanderung gesehenen archäologischen Relikten.

Achtung: Das Freilichtmuseum ist im Winter von November bis einschließlich März geschlossen.

Römerlager am Haus Neuland ⑤

Vor Ort kaum wahrnehmbar, zeichnet sich der Verlauf einer ehemaligen Umwehrung aus Wall und Graben im Norden, Westen und Süden in einem aus Laserscandaten erstellten Geländemodell gut sichtbar ab. Diese umschließt mit einem Bach eine Fläche von ca. 28 ha. Bei Ausgrabungen kam ein unten spitz zulaufender Graben zutage, wie er für römische Lager typisch war. Hier war mit einer Breite von 1,6 m und einer Tiefe von 0,8 m weit weniger Aufwand betrieben worden als bei Standlagern (Exkurs). Das spricht für eine kurzzeitig geplante Aufenthaltsdauer der römischen Truppen, also ein Marschlager. Drei Legionen (= bis zu 18.000 Soldaten) fanden im Inneren dieses Lagers Platz für ihre Zelte, Pferde, Wagen und weitere Utensilien.

Zwei ehemalige Zugänge konnten im Norden und im Westen festgestellt werden. Es handelt sich um sogenannte »Clavicula-Tore«. Der Graben ist auf einer Strecke von ca. 8 m unterbrochen und der Wall zieht in einem Viertelkreis nach innen. Diese Bauweise ist typisch für die Zeit unter Kaiser Augustus (30 v. Chr.–14 n. Chr.), kann aber auch später noch vorkommen. Trotz intensiver Suche fehlen bislang Funde aus der Innenfläche. Daher ist die Torform der einzige Datierungshinweis. Das Lager könnte im Rahmen von Feldzügen der Römer Richtung Weser errichtet worden sein, die zwischen 11 v. Chr. und 16 n. Chr. wiederholt unter verschiedenen Feldherren stattfanden. Ein Zusammenhang mit dem berühmten Feldherrn Varus ist ebenso wenig auszuschließen wie eine sehr viel jüngere Entstehung.

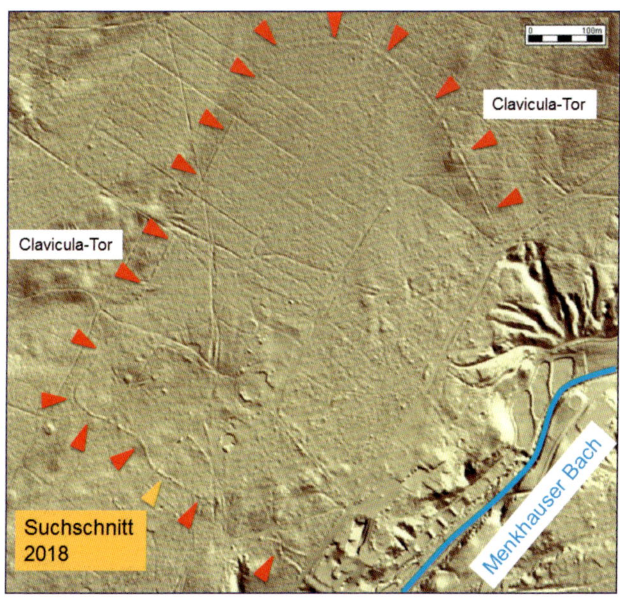

Exkurs: Römerpark Anreppen

Wer mehr zu römischen Lagern in Ostwestfalen-Lippe erfahren möchte, sollte nach Delbrück-Anreppen fahren. Der Römerpark mit seinen Rekonstruktionen und Erläuterungen sowie einem Lehrpfad mit 12 Stationen bietet ein lohnendes Ziel.

Im Gegensatz zum Marschlager am Haus Neuland handelte es sich in Anreppen um ein Standlager, das auf eine längerfristige Nutzung von mehreren Jahren ausgelegt war. Das zeigt die aufwendige Befestigung mit einer 3 m breiten, mit Erde gefüllten Holzkonstruktion sowie mit vorgelagertem 7 m breitem und 2,3–2,4 m tiefem Spitzgraben. Ein Blick in den rekonstruierten Lagergraben zeigt, wie schwer es war, mit Rüstung und Waffen beladen die Böschung zu erklimmen. Der Mauerverlauf wird von einer dichten Hecke nachgebildet.

Die stationierten Legionäre waren hier nicht in Zelten, sondern etwas komfortabler in 30 m langen Mannschaftskasernen aus Holz untergebracht. Die hochrangigen Offiziere wohnten beinahe luxuriös in separaten Häusern im Zentrum des Lagers. Entlang der rechtwinklig angelegten Straßen gab es zudem holzverschalte Entwässerungskanäle, Speichergebäude, ein beheiztes Badehaus, einen Exerzierplatz, mehrere Brunnen, Latrinen und Abfallgruben. Bei den Lagerzugängen handelte es sich um hölzerne Tortürme mit zweispuriger Durchfahrt.

Das Lager von Anreppen hat der Datierung von Hölzern zufolge in den Jahren 4–6 n. Chr., also während der Germanen-Feldzüge des Tiberius existiert.

Literatur- und Kartentipps

- Daniel Bérenger/Elke Treude, Die Wallburg auf dem Tönsberg bei Oerlinghausen, Kreis Lippe. Frühe Burgen in Westfalen 27, hg. von der Altertumskommission für Westfalen. Münster 2007.
- Johann-Sebastian Kühlborn, Anreppen, Stadt Delbrück, Kreis Paderborn. Römerlager in Westfalen 4, hg. von der Altertumskommission für Westfalen. Münster 2009.
- Bettina Tremmel/Jens Schubert, Ein neu entdecktes augusteisches Marschlager in Bielefeld-Sennestadt. Archäologie in Westfalen-Lippe 2018, S. 86–89.
- Freilichtmuseum: www.afm-oerlinghausen.de
- Naturschutzgroßprojekt Senne und Teutoburger Wald: www.ngp-senne.de

Dieses Bruchstück einer Spiralaugenperle aus zweifarbigem Glas datiert in das 2. oder 1. Jahrhundert v. Chr. und belegt Beziehungen vom Tönsberg bis in den keltisch besiedelten Raum Süddeutschlands.

BRINKMANN
Maakenberg
286,5
197,0
Brunsberg
K10
L751
STEINBÜLT
OERLINGHAUSEN
HAUS NEULAND
193,3
162,0
KINDSGRAB
Oerlinghauser Senne
LEGENDE
Start/Ziel
Haltestelle
Parkmöglichkeit
Einkehrmöglichkeit
Schutzhütte
Archäolog. Stätte
Point of Interest
Wanderweg in Richtung
m
500
1.000

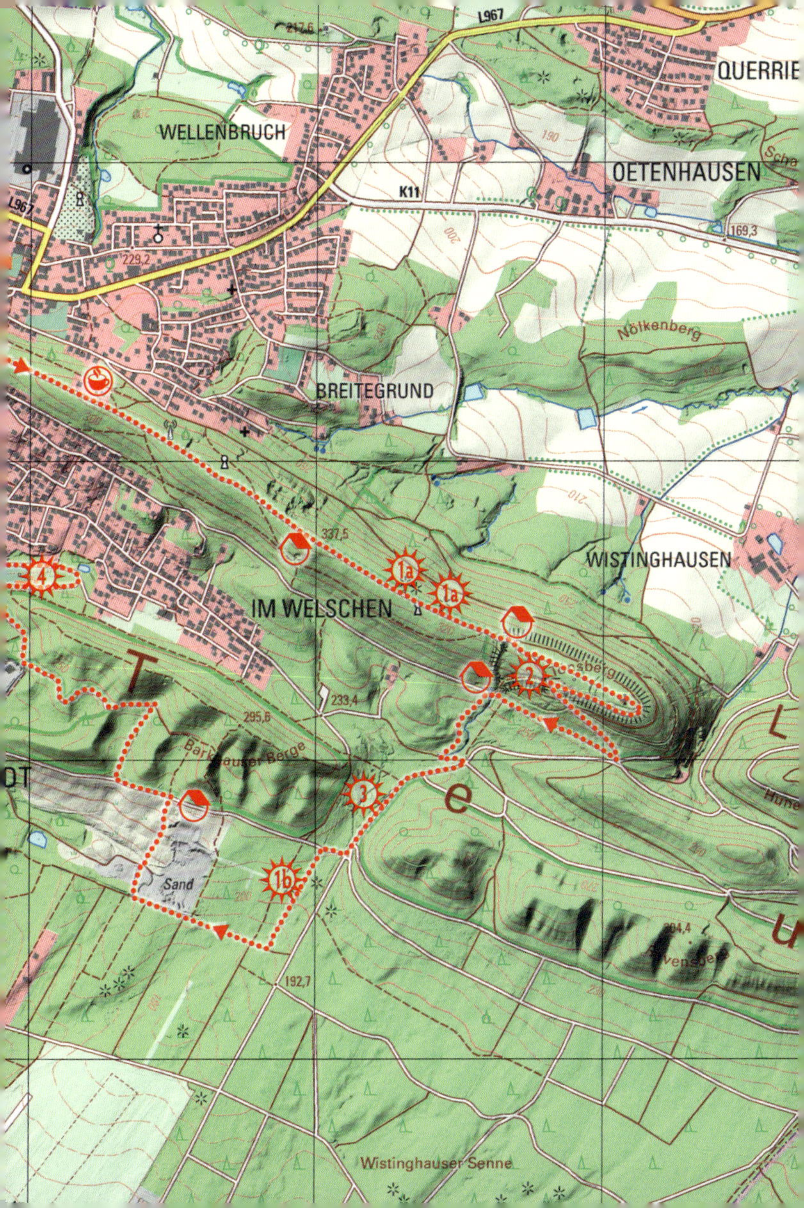

L967
217,6
QUERRIE
WELLENBRUCH
190
OETENHAUSEN
K11
L967
229,2
169,3
200
Nötkenberg
BREITEGRUND
210
337,5
1a
1a
WISTINGHAUSEN
4
IM WELSCHEN
2
T
233,4
295,6
L
Barkhauser Berge
DT
3
e
Sand
1b
204,4
u
192,7
Wistinghauser Senne

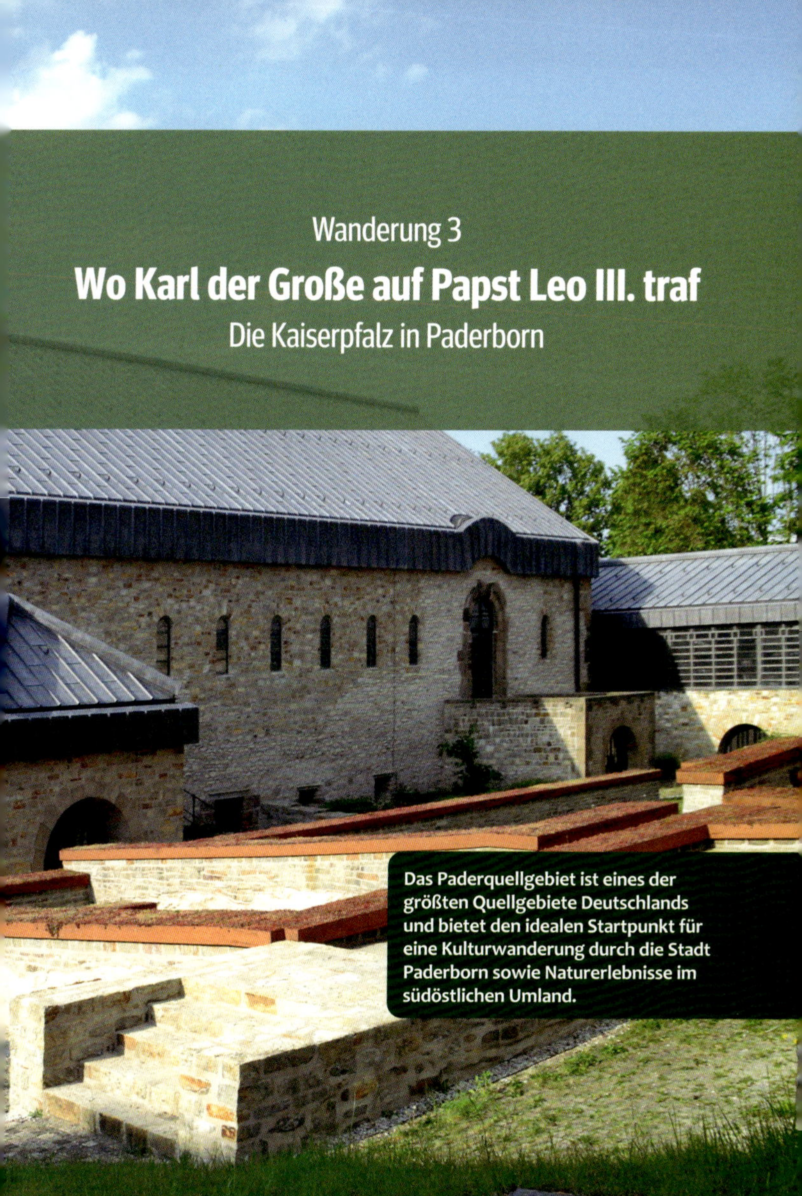

Wanderung 3

Wo Karl der Große auf Papst Leo III. traf

Die Kaiserpfalz in Paderborn

Das Paderquellgebiet ist eines der größten Quellgebiete Deutschlands und bietet den idealen Startpunkt für eine Kulturwanderung durch die Stadt Paderborn sowie Naturerlebnisse im südöstlichen Umland.

Informationen

Start/Ziel: Maspernplatz Paderborn

Weglänge: 17,5 km

Reine Gehzeit: 4:30 h

Steigung: ↗/↘ 183 m

Schwierigkeit: mittelschwere Wanderung mit leichten Steigungen, bedingt kinderwagengeeignet (einige Treppen im Innenstadtbereich, die jedoch umfahren werden können)

Einkehrmöglichkeiten: mehrere in Paderborn Innenstadt, Gasthaus Haxterpark (www.haxterpark.de), Waldklang Bistro im Haxtergrund (www.waldklang-bistro.de), Gaststätte Weyher (www.gasthof-weyher.de)

ÖPNV: Bushaltestelle Maspernplatz

Parkplätze: Maspernplatz Ost und West

Markierte Wanderwege: Pilgerweg [X 26]

Tipp: Im LWL-Museum in der Kaiserpfalz können archäologische Stadtführungen gebucht werden: Tel: 05251/1051-10. E-Mail: kaiserpfalzmuseum@lwl.org, Internet: www.lwl-kaiserpfalz-paderborn.de.

Wegbeschreibung

Von der Bushaltestelle mit Blick Richtung Stadt nach rechts am **Maspernturm ① b**, der Paderhalle und am Quellbecken vorbei. Hinter der zweiten Brücke links gehen. An der Kreuzung mit mehreren Gastronomiebetrieben links und direkt wieder rechts in **An der Wasserkunst** und dem Weg am alten **Mühlrad** und am Spielplatz vorbei folgen. Hinter der Schule links die Treppen hoch auf die **Abdinghofkirche** (Exkurs) zu und am Eingang des **Stadtmuseums** vorbei über Treppen auf einen Platz und erneut Treppen hoch. Am **Rathaus** rechts halten und vor der **Mariensäule** am **Marienplatz Nr. 7/7a** links in den kleinen Weg Richtung Rathauspassage. An der **Marktkirche** rechts in die **Langenohlgasse** und links in **Jesuitenmauer**. Hier sind der **Hophei-Turm ① b** und die **Stadtmauer ① a** sichtbar. Geradeaus hinter der Stadtmauer entlang bis **Kasseler Straße**. Hier auf dem den **Liboriberg/ Busdorfwall** überqueren, durch die Unterführung und danach rechts auf die **Mallinckrodtstraße**. Die Route folgt nun dem immer geradeaus durch den Hohlweg der ehemaligen **via regia ②**, über den **Pohlweg**, am Golfplatz vorbei bis zum **Knickweg**. Nach der Rechtsabbiegung liegen links eine **Turmhügelburg ③** und ein Stück weiter einige **Hohlwege** (das **Arboretum** lohnt sich). An einer abknickenden Vorfahrt geht es links und immer weiter entlang des bis zur **Marienstatue**. Hier nun den und dem [X26] (Rennweg) nach links folgen, der nun durch den Haxtergrund an einem **Steinbruch** vorbei bis hinter die Gaststätte Weyher führt. Hier biegt der [X26] nach links ab, während die Wandertour geradeaus auf dem Asphaltweg bleibt. An der Kreuzung rechts über die Straßenüberführung, dahinter geradeaus weiter auf dem **Knickweg** bis zum **Lichtenturm ④**. Hier geht es links weiter und nach ca. 400 m hinter der Weide rechts zwischen Zaun und Wallhecke entlang bis zum **Dahler Weg**. Dieser kann 200 m weiter links mit Vorsicht überquert werden, dann geht es rechts bis zum Ende der Kleingartenanlage und links bergab. Unten angekommen links in den **Krummen Grund**. Ab hier verläuft die Tour auf dem (Josef-Schmitz-Weg) und ab der Bushaltestelle, von der aus Wandernde dem hinteren Weg nach rechts bergab folgen, auch auf dem . Erst am Ring verlassen Wandernde die beiden Wanderwege nach links in **Busdorfwall** und gehen ca. 230 m an der **Stadtmauer ① (a)** entlang. An der Stelle, an der die Mauer nicht mehr direkt erhalten ist (gegenüber Jugendhaus Salesianum), geht es rechts. Der Fußweg geradeaus führt direkt durch den Kreuzgang der **Busdorfkirche** (Treppe) und neben dieser wieder ins Freie (Exkurs). Am Standort der **ehemaligen Synagoge** geht es rechts und sofort wieder links in **Am Bogen** auf den Dom zu. Hier gehen Wandernde durch die Eingangstür an der Ostseite und gelangen in einen Vorraum (Treppe). Sie folgen der Ausschilderung für das Hasenfenster und kurz vorher führt links ein kleines Portal wieder ins Freie und auf die **Bartholomäuskapelle** zu. Diese steht direkt zwischen **Dom und LWL-Museum in der Kaiserpfalz ⑤**. Vor der Kapelle rechts abbiegen und den Treppen bis zu den **Paderquellen** folgen. Hier geradeaus durch den Torbogen über den **Kardinal-Degenhardt-Platz**, durch den **Geisselschen Garten**. An der Bushaltestelle rechts halten und sofort wieder links durch die Mauerlücke in die **Belleville-Promenade** durch den Park, rechts an den Grundmauern des **Hofes Haxthausen** vorbei bis zur Paderhalle und dem **Maspernturm ① b**. Die Bushaltestelle liegt rechts am **Heiersturm ① b**.

Stadtmauer und Türme ① a und b

An mehreren Stellen sind entlang der Wandertour noch Reste der alten Stadtbefestigung Paderborns erhalten. In der zweiten Hälfte des 12. Jahrhunderts erhielt die aufstrebende Stadt eine im Grundriss noch gut nachvollziehbare umlaufende Mauer **(a)** mit fünf Toren und mehreren Türmen **(b)**, von denen noch sieben erhalten sind. Dafür wurde die Ringmauer um den Dom und die Pfalz (= Domburg) abgerissen.

Die Stadtmauer war etwa 6 m hoch und 1,6–2,5 m stark. Sie bestand aus einem in Mörtel gesetzten, zweischaligen Mauerwerk aus Kalkstein, das mit lehmgebundenen Kalksteinen verfüllt war. Die Baumaterialien wurden wohl beim Anlegen des außen vor der Mauer verlaufenden 20 m breiten und 6–7 m tiefen Wassergrabens gewonnen. Mit dem Aufkommen von Schusswaffen wurden im 16. Jahrhundert ein Wall vor dem Graben und Schanzen vor den Toren ergänzt.

Die Türme waren rund, eckig oder halbkreisförmig vor die Mauer gesetzt. Sie erreichten Höhen von bis zu 16,5 m. 2003 wurden alle sieben Bauwerke im Rahmen des Projekts »Lichtszenario Stadtmauer Paderborn« mit Lichtinstallationen verschiedener Künstler*innen versehen. Drei davon sind heute noch zu sehen.

Im 18. Jahrhundert verlor die Stadtmauer ihre Funktion als Verteidigungsbauwerk, blieb aber noch bis zu ihrem weitgehenden Abbruch im 19. Jahrhundert als sichtbare Stadt- und Steuergrenze bestehen.

Hohlweg der »via regia« ②

Im Bereich der Universität hat sich ein tiefer Hohlweg erhalten, durch den die Wandertour direkt hindurchführt. Er ist Teil einer bis in das frühe Mittelalter zurückreichenden Fernhandelsverbindung von Paderborn über Warburg Richtung Kassel und Frankfurt. Es handelte sich um eine via regia, eine Königsstraße. Dies waren öffentliche Straßen, die unter dem Schutz des Königs standen. In späterer Zeit wurde die Trasse auch als Postweg genutzt. Das Befahren mit Karren und schweren Fuhrwerken hat zur Bildung einer tiefen Fahrrinne beigetragen. Die Wagenräder haben sich im Laufe der Zeit immer tiefer in den Untergrund eingegraben und Regenwasser hat die zwischen den Spurrillen von den Hufen der Zugtiere gelockerte Erde weggespült.

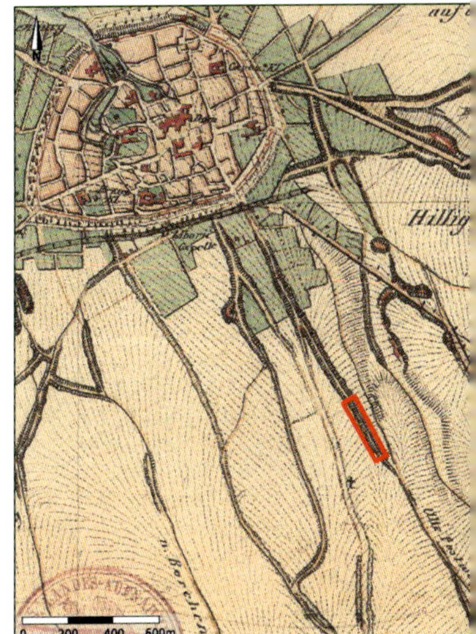

Turmhügelburg ③

Direkt am Steilhang des Schlossbergs (früher: Haxterberg) befindet sich eine kleine Turmhügelburg. Zu ihr gehörte die einst im Winkel »Pohlweg«/»Knickweg« befindliche, 1036 erstmals erwähnte Siedlung Haxsuithehusun. An der Grenze der Paderborner Stadtfeldmark und an der Landwehr gelegen, kontrollierte die Burg die genau zwischen hier und Haxterwarte ④ vorbeiführende via regia ②.

Die Hanglage ist ungewöhnlich für diese seit dem 12. Jahrhundert auftretende Burgenform, die eigentlich im Flachland verbreitet ist. Sie trug aber – ähnlich den sonst üblichen Wassergräben – wesentlich zum Schutz der Anlage bei. Ringsum geht es steil bergab. Beidseitig des gerade einmal 5 × 10 m großen Plateaus vom Haupthügel, auf dem sich einst ein Wohnturm befand, wurde eine kleine Ebene mit Außenwall geschaffen, die zum Haxtergrund hin vermutlich im Laufe der Zeit weggerutscht ist. Das Material zum Aufschütten des Hügels wurde auf der anderen Straßenseite entnommen, wo sich heute noch eine Vertiefung befindet.

Die kleine Anlage war vermutlich Stammsitz der Herren von Haxthausen, die im Dienst des Bischofs standen.

Lichtenturm ④

Das landwirtschaftlich genutzte Paderborner Umland wurde um 1400 zu seinem Schutz von einer Landwehr umgeben, deren Verlauf vor allem aus Schriftquellen und Luftbildern hervorgeht. Auch der »Knickweg«, über den Wandernde sich dem sogenannten Lichtenturm bzw. der Haxterwarte nähern, ist ein Hinweis auf eine solche Landwehr; denn »Knick« wird die Bepflanzung mit einer Hainbuchen-, Eichen- und Weißdornhecke genannt, deren Zweige geknickt und zu einem undurchdringlichen Gebüsch miteinander verflochten wurden. Auf den Landwehrwällen gepflanzt bildete sie zusammen mit den Gräben ein wirkungsvolles Annäherungshindernis.

Die Ruine der mittelalterlichen Haxterwarte wurde kurz vor Kriegsende 1945 versehentlich gesprengt. Es handelte sich um eine Verwechslung mit der benachbarten Pamelschen Warte, die einem Ausweichflughafen im Weg war. 1986 wurde der Turm vom Heimatverein wieder auf seine 9 m Höhe rekonstruiert und auch die umgebende Anlage aus einer ringförmigen Mauer, einem Graben und einem Außenwall von 45 m Durchmesser wurde wiederhergestellt. Im Winter bietet sich von der Aussichtsplattform ein ähnlicher Blick auf Paderborn und seine Umgebung, wie ihn damals die mittelalterlichen Turm-

wächter erlebten. Sie konnten von hier aus Gefahren frühzeitig erkennen und die Stadt warnen.

Ein schwach erhaltener Rest der an dieser Stelle aus drei Wällen und zwei Gräben bestehenden Landwehr ist hinter dem Turm noch im Wald zu finden.

Dom und LWL-Museum in der Kaiserpfalz ⑤

Die Gründung der Kaiserpfalz Karls des Großen bildete inmitten der Sachsenkriege 776 eine Machtdemonstration und den Grundstein für die Entwicklung der späteren Stadt Paderborn. Aus einer kleinen, dem hl. Salvator geweihten Kirche und einem rechteckigen Pfalzbau mit Saal entstand nach mehrfachen Um- und Neubauten aufgrund von Zerstörungen ein Ensemble aus Kaiserresidenz, Dom und einigen weiteren Gebäuden, das noch heute Mittelpunkt Paderborns ist.

Das LWL-Museum in der Kaiserpfalz steht auf den Fundamenten der von Bischof Meinwerk errichteten (Exkurs) ottonischen Kaiserpfalz Heinrichs II. (1014–24). Einige der älteren karolingischen Pfalzgrundmauern sind vor dem Museum sichtbar. 799 empfing Karl der Große hier den in Ungnade gefallenen und um militärische Unterstützung bittenden Papst Leo III. Das führte zur Krönung König Karls zum Kaiser im Folgejahr sowie zur Gründung des Bistums Paderborn 806 mit Hathumar als erstem Bischof. Neben dem Bau selbst bilden Fragmente von kostbaren karolingerzeitlichen Wandermalereien aus der Pfalz eines der Museums-Highlights. Auch der 1000 Jahre alte Quellkeller mit seinem eisblauen Wasser sollte unbedingt besichtigt werden.

Die Salvatorkirche, deren Spuren im Pflaster zwischen Dom und Pfalz kenntlich gemacht sind, wurde noch für den Papstbesuch 799 durch den ersten Dombau ersetzt. Drei Brände in den Jahren 1000, 1058 und 1133 erforderten Neubauten, die jeweils Vergrößerungen und Umbauten des Doms nach sich zogen. Der heutige Bau geht vor allem auf das 13. Jahrhundert zurück.

Zu dem Ensemble gehörte seit 1017 außerdem die für ihre Akustik bekannte Bartholomäuskapelle. Griechische Bauleute errichteten die kleine Hallenkirche mit den schlanken und reich verzierten Säulen, die bei besonderen Zeremonien genutzt wurde.

Das 1975 eingeweihte Erzbischöfliche Diözesanmuseum steht auf dem ehemaligen Bischofspalast und nutzt dessen Kellergewölbe zu Ausstellungszwecken.

Exkurs: Der Baulöwe von Paderborn

Im Jahr 1009 wurde der etwa 30 Jahre alte, dem sächsischen Hochadel entstammende Meinwerk neuer Bischof von Paderborn. Bis 1036 leitete er die Geschicke des Bistums und bewegte in dieser Zeit Einiges, vor allem Steine. Denn Meinwerk entpuppte sich als »Baulöwe von Paderborn«. Das musste er auch werden, denn ein Stadtbrand hatte neun Jahre zuvor große Schäden angerichtet.

Zunächst ließ er Dom und Pfalz neu errichten und die Befestigung Karls des Großen instandsetzen. Auch Neugründungen gehen auf sein Konto, wie die Abdinghofkirche mit zugehörigem Benediktinerkloster, an der Wandernde zu Beginn der Tour vorbeikommen. Der alte Grundriss ist im Pflaster kenntlich gemacht. Die Pfeilerbasilika mit den markanten Türmen hatte Meinwerk nicht nur als seine Grabkirche auserkoren (sein Grab wurde später allerdings verlegt), hier entstand im 12. Jahrhundert die Lebensbeschreibung des Baulöwen, die »Vita Meinwerci«.

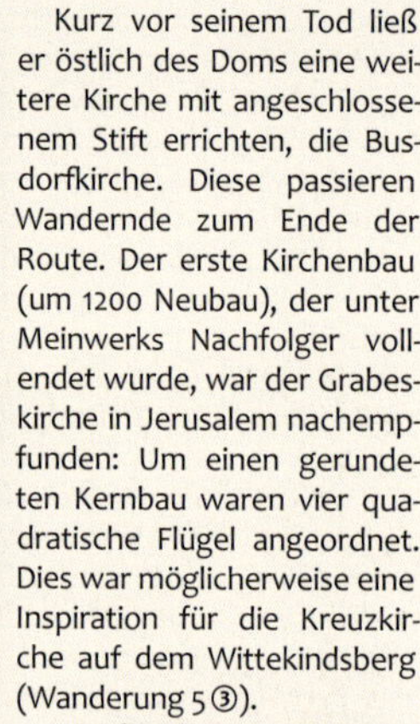

Kurz vor seinem Tod ließ er östlich des Doms eine weitere Kirche mit angeschlossenem Stift errichten, die Busdorfkirche. Diese passieren Wandernde zum Ende der Route. Der erste Kirchenbau (um 1200 Neubau), der unter Meinwerks Nachfolger vollendet wurde, war der Grabeskirche in Jerusalem nachempfunden: Um einen gerundeten Kernbau waren vier quadratische Flügel angeordnet. Dies war möglicherweise eine Inspiration für die Kreuzkirche auf dem Wittekindsberg (Wanderung 5③).

Das für die rege Bautätigkeit benötigte Baumaterial ließ Meinwerk aus einem Kalksteinbruch direkt südlich der Domburg beschaffen. Mit dem Bau der Stadtmauer im 12. Jahrhundert befand sich der 14 m tiefe Steinbruch mitten in der Stadt und verhinderte die Ausweitung von Wohnraum. Daher wurde er schließlich in einer Großaktion zugeschüttet und überbaut.

Literatur- und Kartentipps

- Rudolf Bergmann, Mittelalterliche Kleinburgen im Kreis Paderborn. Archäologie in Westfalen-Lippe 2018 (2019), S. 240–243.
- Sveva Gai, Ralf Mahytka, Robert Süße, Starke Mauer und hohe Türme – der Verlauf der mittelalterlichen Stadtmauer in Paderborn. Archäologie in Westfalen-Lippe 2019 (2020), S. 127–131.
- Martin Kroker (Hrsg.), Der reisende König. Begleitheft zur Ausstellung im Museum in der Kaiserpfalz. Münster 2008.
- Heinrich Rüthing, Landwehren und Warten im Paderborner und Corveyer Land. Heimatkundliche Schriftenreihe 33. Paderborn 2002.
- www.lwl-kaiserpfalz-paderborn.de

Diese 3,9 cm hohe und gerade einmal 0,5 cm dicke Schnitzerei aus wertvollem Walrosselfenbein wurde in der Wüstung Paderborn-Balhorn gefunden. Sie datiert in das 10. Jahrhundert und stellt die Kreuzigung Jesu dar. Neben der Christusfigur am Kreuz sind seine Mutter Maria (links) und sein Jünger Johannes zu sehen.

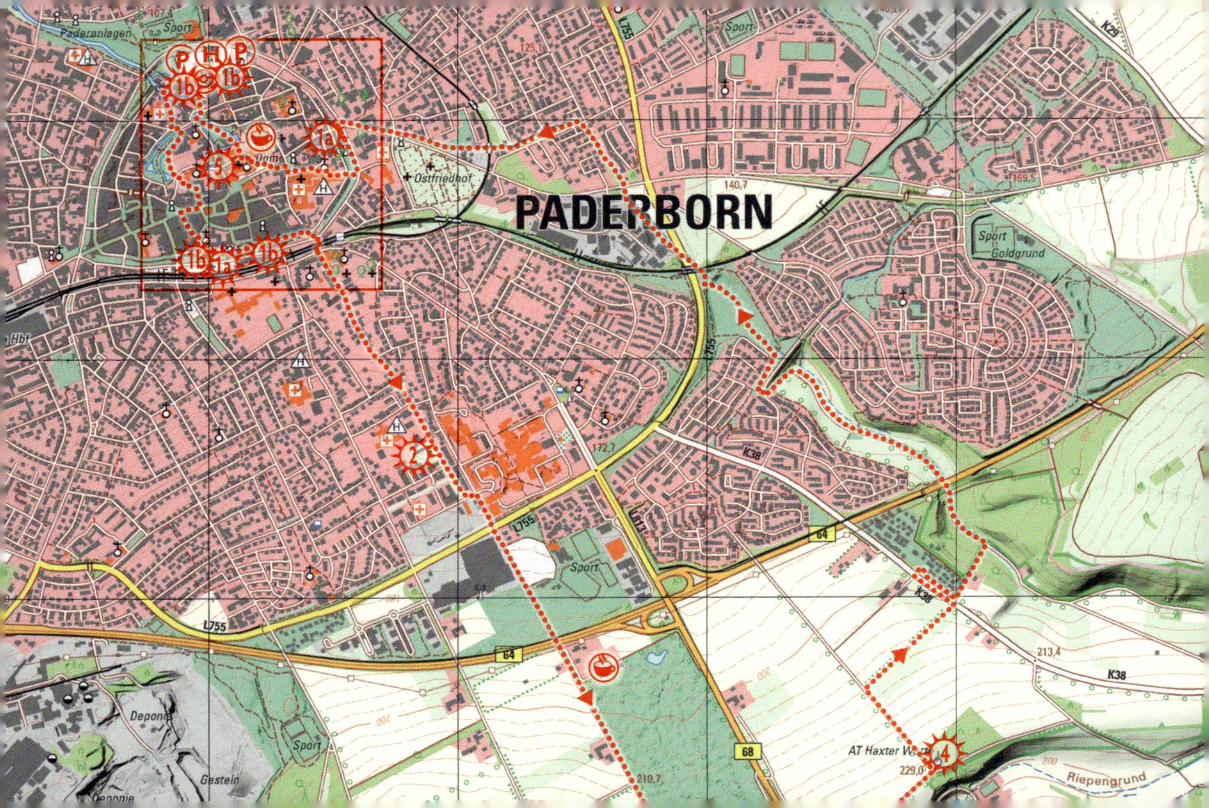

PADERBORN
Paderanlagen
Sport
Dom
Ostfriedhof
Sport
Goldgrund
Sport
Sport
Deponie
Gestein
AT Haxter W
Riepengrund
L755
K38
K29
L813
64
68

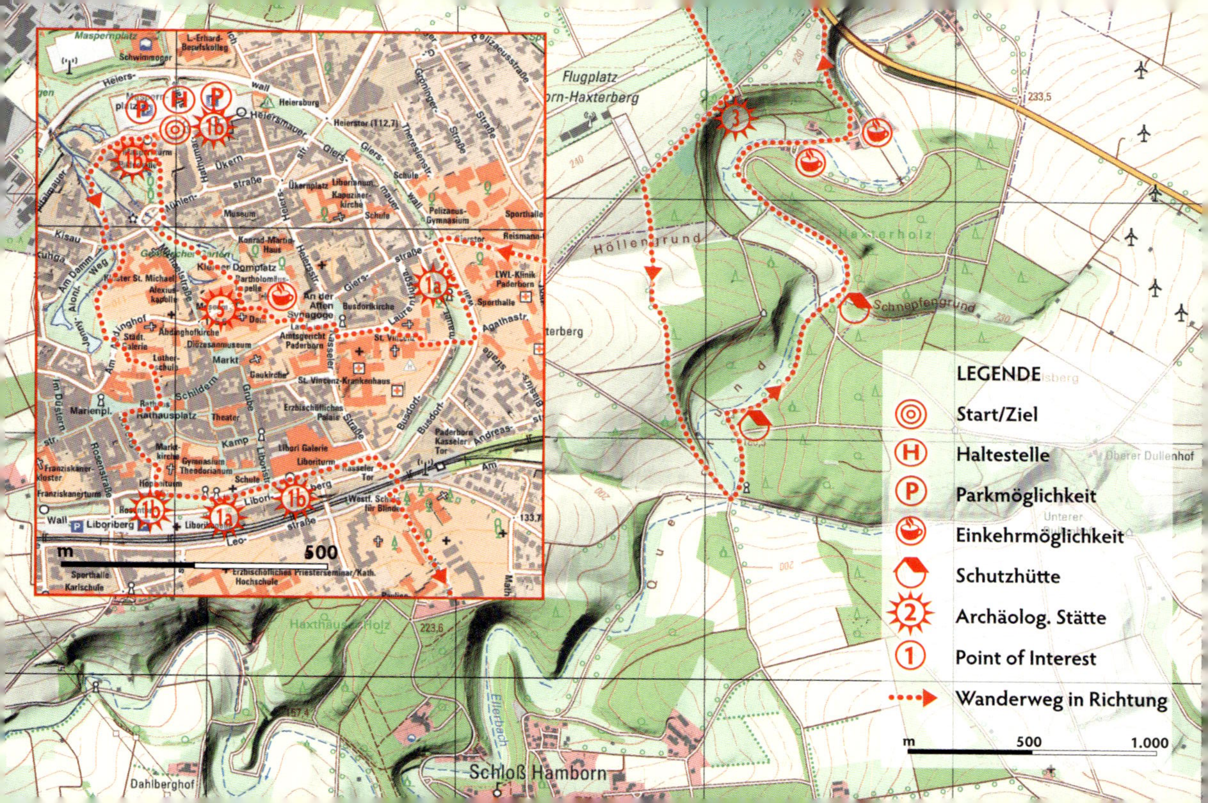
LEGENDE
Start/Ziel
Haltestelle
Parkmöglichkeit
Einkehrmöglichkeit
Schutzhütte
Archäolog. Stätte
Point of Interest
Wanderweg in Richtung
m 500 1.000
Flugplatz
Haxterholz
Höllengrund
Schnepfengrund
Oberer Dullenhof
Haxthauser Holz
Ellerbach
Schloß Hamborn
Dahlberghof
233,5
223,6
Maspernplatz
Heierswall
Heiersburg
Heierstor (112,7)
Ükern
Museum
Kleiner Domplatz
Liboriberg
Rosenstraße
Rathausplatz
Theater
Marienpl.
Im Düstern
Liborianum
Kapuzinerkirche
Pelizaeus-Gymnasium
LWL-Klinik Paderborn
Sporthalle
Agathastr.
Busdorfkirche
Amtsgericht Paderborn
St. Vincenz-Krankenhaus
Erzbischöfliches Palais
Libori Galerie
Liboriturm
Kasseler Tor
Paderborn Kasseler Tor
Westf. Schule für Blinde
Gymnasium Theodorianum
Marktkirche
Franziskanerkloster
Gaukirche
Diözesanmuseum
Abdinghofkirche
Stadt. Galerie
Lutherschule
Alexiuskapelle
Kloster St. Michael
Bartholomäuskapelle
Synagoge
Konrad-Martin-Haus
Sporthalle Karlschule
Erzbischöfliches Priesterseminar/Kath. Hochschule
m 500

Wanderung 4

Auf dem Holzweg zum Weltkulturerbe

Das Westwerk von Höxter-Corvey

Diese landschaftlich wunderschöne Tour bietet neben grandiosen Ausblicken ins Wesertal gleich mehrere archäologische Besonderheiten, die Wandernde in das Mittelalter mitnehmen. Absolutes Highlight ist natürlich das Westwerk der Abteikirche in Höxter-Corvey, das 2014 zum UNESCO-Weltkulturerbe erklärt wurde.

Informationen

Start/Ziel: Bahnhof Höxter/Rathaus

Weglänge: 22,2 km

Reine Gehzeit: 6 h

Steigung: ↗/↘ 315 m

Schwierigkeit: mittelschwere Wanderung mit Steigungen, eine davon steil; nicht kinderwagengeeignet (4 Treppenstufen vor Rodeneckturm)

Einkehrmöglichkeiten: verschiedene in Höxter

ÖPNV: Bahnhof Höxter/Rathaus

Parkplätze: P Bahnhof »Uferstr.« 9, P Floßplatz »Im Brückfeld« 3, Pendlerparkplatz »Godelheimer Str.« 29, Wanderparkplatz »Turmweg«/»Teutonenweg«

Markierte Wanderwege: [X 16], Renaissanceweg, NaturZeitReise »Weserhöhenweg«, Natura 2000-Weg, [X 18]

Tipp: Die Wanderung kann in eine 13 km lange »Brunsburg-Tour« im Westen und eine 7 km lange »Corvey-Tour« im Osten aufgeteilt werden. Gerade im Vorfeld und zur Zeit der Landesgartenschau 2023 ist dies praktisch, denn Teile der östlichen Runde werden dann nur kostenpflichtig begehbar sein.

Wegbeschreibung

Mit dem Bahnhof im Rücken nach links wenden und wieder links zum Weserufer, dem nach rechts gefolgt wird. Nach ca. 320 m rechts dem [X 16] über Bahngleise, Kreuzung und Friedhof bis in den **Parkweg** folgen **O**. An der Kreuzung geradeaus in den Turmweg. In der Rechtskurve (Wanderparkplatz) geradeaus/halbrechts der Wegweisung zum Rodeneckturm bergauf in den Wald folgen [X 16], [▱]. Oben geht es links und am Rodeneckturm scharf rechts bergauf (Wegweisung: Rabenklippen, Brunsburg). In der Kehre linksherum [X 16] und [▱] weiter den Berg hinauf, dem Kammweg entlang – über den Aussichtspunkt Rabenklippen hinaus – bis zu einer Gabelung mit Infotafel »Ziegenberg« folgen. Hier links um die Kurve (Wegweisung: Brunsburg) und auf dem Asphaltweg immer geradeaus. Dort, wo links die Brunsberghütte liegt, führt die Tour links auf einen geschotterten Platz und dann rechts einen Pfad entlang ([▱], [⧖]), der zum Zugang der **Brunsburg** ① führt. Nach Erkundung der Burg an dieser Gabelung nach rechts wenden ([▱], [⧖]) und dem Weg bis zum Außenwall folgen. Hier führt die Tour links einen Pfad bergab bis zum Asphaltweg, dem nach rechts gefolgt wird bis zur Gabelung mit der vom Hinweg bekannten Infotafel. Dort, wo davor ein Weg links abbiegt, befinden sich beidseitig im Wald mehrere bronzezeitliche **Grabhügel**. Kurz vor der Gabelung sind rechts Reste der **Landwehr** ②**a** zu sehen. An der Infotafel geht es links weiter ([X 16]). An der nächsten Gablung geradeaus bergauf gehen und dann rechts um den Waldstreifen mit Landwehr herum. Am **Bismarckturm** ②**b** geradeaus vorbei und dem kurvigen Schotterweg bergab folgen. Unten an der Gabelung rechts, an der nächsten Abzweigung links bis zur großen Kreisstraße und dieser nach rechts ein Stück folgen. Nach ca. 200 m links und sofort wieder rechts den Weg wählen. An einer Kreuzung geradeaus weiter. Am Ende der Linkskurve wird rechts ein **Hohlweg** ③**a** sichtbar, der später in der Rechtskurve zusammen mit weiteren erneut gekreuzt wird. An der Gabelung links, die Straße überqueren und geradeaus bis zur T-Kreuzung; hier nach links auf den Asphaltweg. An der Gabelung weiter geradeaus (bergab) und ein paar Meter weiter einem Pfad scharf links bergab folgen. An der Kreuzung mehrerer Pfade geradeaus an der eingezäunten Wiese entlang und dann rechts um die Kurve in den **Hohlweg** ③**b** hinein. Diesem geradeaus folgen bis zu einer Gabelung (Spielplatz), dort rechts halten. Der Wohnstraße (**Hellweg**) nach links folgen und an der Gabelung weiter geradeaus (**Gartenstraße**). Im Kreisverkehr geradeaus, links liegt der **Jüdische Friedhof**. Die große Kreuzung geradeaus überqueren und entlang der **Westerbachstraße** in die Innenstadt bis zum weserrenaissancezeitlichen **Rathaus**. Die Tour führt durch die Gasse hinter dem Rathaus, geradeaus über die Straße und geradeaus an der **Kirche St. Kiliani** vorbei. Treppen führen am Rad der **alten Schleifmühle** vorbei. Danach geht es rechts und am **Minoritenkloster** links in die **Minoritenstraße**. Die Tour folgt dem Pfad rechts über die **Grube**, die ein frühmittelalterliches Wasserversorgungssystem von Kloster Corvey war, und ein Stück nach links daran entlang. Am Ende rechts in die **Corveyer Allee**, links in die **Bismarckstraße** und rechts in den **Rohrweg**. Nach der Überquerung des kleinen Schelpekanals nach links [X 18] auf die Straße zu, der nach rechts gefolgt wird (**Zur Lüre**). Am Ortsschild links zu den Relikten von **Kloster tom Roden** ④ und dann wieder zurück zu dieser Stelle und weiter bis zur Kreuzung, die geradeaus überquert wird. An der Weser nach rechts der Allee folgen (Radwegweisung: Welterbe Corvey). Vor den Mauern des **Klosters Corvey** ⑤ rechts und am Ende nach links wenden. Wandernde kommen am Hauptzugang des Klosters vorbei. Nach der Besichtigung geht es weiter den Weg entlang und vor den Bahnschienen nach links. An der T-Kreuzung bei der Bahnbrücke nach rechts dem die Weser begleitenden Weg folgen (Radwegweisung: Bahnhof Höxter). An der Gabelung links am Hafenbecken entlang. Hinter dem Rastplatz nach links dem **[X 16]** folgen. Die Uferpromenade entlanggehen bis zur Weserbrücke, dort die Rampe hoch, die Straße überqueren und zum Bahnhof.

Brunsburg ①

Die Tour führt auf fast ebener Strecke auf den Sporn des Brunsbergs. Kurz hinter der Brunsberghütte werden erste Vorwälle passiert, die den bequemen Zugang vom Hochplateau einst abriegelten. An der Informationstafel führen links und rechts Wege durch den 16–24m breiten, tief in den Felsen gehauenen Burggraben, während geradeaus die Hauptburg betreten wird. Der alte Zugang zur Burg befand sich jedoch nicht hier, sondern an der Südostecke. Eine Lücke im Wall kennzeichnet die Stelle des ehemaligen Torbaus. Der 550m lange Außenwall birgt in seinem Innern eine 1,40m starke Mauer aus vermörtelten Kalksteinen.

Von der 1,9ha großen Innenfläche ist nur ein Teil begehbar und nicht stark zugewachsen. Es fallen einige Erhebungen und Vertiefungen auf, unter denen sich Reste von Gebäuden bzw. deren Keller oder Brunnen verbergen. Der große Hügel direkt auf der rechten Seite bedeckt den Stumpf des runden Bergfrieds, während eine 48m lange Struktur im Zentrum als Palas, also als Wohn- und Repräsentationsbau, interpretiert wird. Die schriftliche Erwähnung eines Kaplans ist ein Hinweis auf eine bisher nicht lokalisierte Burgkapelle. Kellerstrukturen entlang der Ringmauer zeigen weitere ehemalige Gebäude an.

Der hier sichtbare Teil der Burg wurde kurz vor 1198 auf Initiative der Abtei Corvey errichtet. Diese hochmittelalterliche Brunsburg ist eine von sieben Höhenburgen, die Abt Widukind (1189–1203) als Landesburgen und zum Schutz des Corveyer Klosterbesitzes errichten ließ. Vermutlich diente sie den Äbten als Nebenresidenz. Auf jeden Fall hatten hier mehrere treue Burgmannen ihren Sitz. Rund 100 Jahre später scheint die Burg zerstört und nicht wieder aufgebaut worden zu sein. Es wird vermutet, dass dabei neben Höxteraner Bürger*innen auch ein großer Konkurrent der Abtei seine Finger mit im Spiel hatte: der Bischof von Paderborn.

Die Außenwälle im Westen und Norden geben Rätsel auf. Ihre umgangssprachliche Benennung als »Sachsenwälle« unterstellt eine Verbindung zu

den Sachsenkriegen Karls des Großen (772–804). Tatsächlich lagerte der Frankenkönig 775 am Brunsberg und besiegte ein sächsisches Heer. Dadurch sicherte er sich den Weserübergang. Die bisherigen Untersuchungen ergaben keine eindeutige Datierung der Wälle, ein frühmittelalterlicher Zusammenhang mit den genannten Ereignissen ist aber sehr wahrscheinlich. Karl der Große hat die Anlage nach seinem Sieg allerdings nicht als Stützpunkt ausgebaut und mit Gefolgsleuten besetzt, wie er es auf anderen eroberten Burgen vollzog. Sie wurde anscheinend bis zu ihrer Revitalisierung im hohen Mittelalter nicht genutzt.

Landwehr ② a und Bosseborner Warte ② b

An der Gabelung mit der Informationstafel ist erstmals die Landwehr von Höxter sichtbar, die nach Osten abknickt. Hier setzt das die Steilhänge des Brunsbergs aussparende Verteidigungswerk wieder ein und zieht sich nördlich um die Stadtgemarkung herum. Es beginnt als Wall mit vorgelagertem Graben und wird keine 100 m weiter um einen inneren Graben erweitert. Richtung Norden ist die Landwehr neben dem Wanderweg wiederholt sichtbar.

Die Stadt Höxter und ihr ländliches Umfeld wurden – Corvey eingeschlossen – auf einer Fläche von 27 km² von einer spätestens ab 1356 errichteten Landwehr umschlossen. Diese bestand aus meist einem, seltener zwei Wällen mit ein bis zwei Gräben. Nur dort, wo natürliche Annäherungshindernisse wie Steilhänge und Flussläufe bestanden, wurde auf den Bau verzichtet.

Der im Jahr 1900 errichtete Bismarckturm steht nicht nur direkt auf dem Landwehrwall, sondern ruht auf den Fundamenten eines alten Wartturms, der Bosseborner Warte. Von diesem aus wurde der hier befindliche Landwehrdurchlass einer Hellwegtrasse (s. ③) bewacht. Der Turmwärter hatte Sichtkontakt zum Kirchturm von St. Kiliani, wo ebenfalls ein Wächter postiert war. So konnte die Stadt bei drohender Gefahr gewarnt werden.

Galgenstieg ③a und Hellweg ③b

Der vom Rhein über Paderborn der Weser zustrebende westfälische Hellweg erreicht auf verschiedenen Trassen die Stadt Höxter. Eine davon verlief über die Bosseborner Hochfläche und querte am Wartturm (②**b**) die Landwehr. Bergab sind noch Hohlwege erhalten (**a**). Dort, wo der heutige Weg eine weite Rechts-

kurve macht, ist das Gelände geradezu zerfurcht. Für dieses Hohlwegbündel hat sich bereits im Mittelalter der Name Galgenstieg eingebürgert. Demnach handelte es sich um einen überwiegend von Fußgänger*innen und Packtieren benutzten Weg, der in der Nähe des Galgens vorbeiführte. Tatsächlich ist er relativ steil und für große, schwere Fuhrwerke eher ungeeignet. Die Nähe zur städtischen Richtstätte ist typisch für mittelalterliche Fernwege. Ankömmlinge, die Böses im Schilde führten, sollten abgeschreckt werden.

Noch nach dem 2. Weltkrieg haben Leute aus dem Dorf Bosseborn über diese Strecke u. a. ihre Milchprodukte zum Markt nach Höxter gebracht. Einige Wegspuren stammen sicherlich aus dieser Zeit.

Die Haupttrasse des Hellwegs verlief weiter östlich. Die Straßennamen »Hellweg« und »Holzweg« zeigen dies an. In der Nähe der Bosseborner Warte scheinen sich die Trassen getrennt zu haben und stoßen dort, wo »Krängelweg« und »Holzweg« zusammentreffen, wieder aufeinander. Der heutige »Holzweg« bildet einen bis zu 4 m tiefen Hohlweg, durch den Wandernde nach Höxter gelangen (**b**).

Kloster tom Roden ④

Um die Relikte des in den 1970er-Jahren ausgegrabenen Klosters tom Roden besser vermitteln zu können, wurden die Mauern ein Stück aufgemauert. Eine dünne rote Ziegellage kennzeichnet die Grenze zwischen original erhaltener und rekonstruierter Bausubstanz.

Um 1150 gegründet, war die Propstei dem in Sichtweite befindlichen Kloster Corvey unterstellt. 1538 wurde sie aufgelöst und verfiel. Das Zentrum bildete eine romanische Kirche. Südlich befand sich ein Friedhof, im Norden schlossen ein Kreuzgang sowie zwei Gebäudeflügel an, die Raum für die Benediktinermönche boten. Der Versammlungsraum (Kapitelsaal) war mit einer Warmluftheizung ausgestattet. Ganz im Norden befand sich ein gemauerter Wasserkanal der Schelpe, der die dort in der Ecke befindliche Latrine be- und entwässerte. Blei-Leitungen versorgten den Wirtschaftstrakt mit Frischwasser.

Warum sich in unmittelbarer Nähe zu Corvey ein zweites Benediktinerkloster befand und wer es gründete, ist unklar. Möglicherweise stand es auch Nicht-Adeligen offen.

Übrigens verlief direkt östlich von tom Roden ein Abschnitt der Höxterschen Landwehr ②, ein flacher Wall ist im digitalen Geländemodell noch sichtbar.

UNESCO-Welterbe Kloster Corvey/Archäologiepark ⑤

Wandernde nähern sich dem barocken Schloss und ehemaligen Benediktinerkloster von Norden, sodass sich nicht sofort offenbart, warum es 2014 zum Weltkulturerbe ernannt wurde. Von der einstigen Reichsabtei hat allerdings das Westwerk der Kirche die Verwüstungen des Dreißigjährigen Krieges überstanden. Dieses geht noch fast vollständig in die Karolingerzeit zwischen 873 und 885 zurück – das ist einzigartig!

Im Obergeschoss bildet der Johannischor den Hauptraum des Westwerks und wirkt mit den seitlichen Emporen und Pfeilerarkaden wie eine eigene Kirche. Eine Besonderheit sind die Reste der ursprünglichen Wandbemalung, wie zum Beispiel christlich umgedeutete Szenen aus der Odyssee. Einmalig sind zudem Vorzeichnungen auf der Wand, die zu gefundenen Stuckresten von lebensgroßen Statuen passen.

Im direkten Umfeld des 822 gegründeten Klosters entstanden noch im 9. Jahrhundert profane Siedlungsbereiche sowie die Paulus- oder Neue Kirche als Zentrum des Stifts Niggenkerke. Hier entwickelte sich bis zum 12./13. Jahrhundert eine eigene Stadt mit Markt und Weserbrücke. Eine starke Konkurrenz zum benachbarten Höxter, auf dessen Gebiet seit dem 7./8. Jahrhundert gesiedelt wurde, verwundert also nicht. Die Weserbrücke von Höxter ist seit 1115 bezeugt.

Die Abtei Corvey war das erste Mönchskloster im sächsischen Siedlungsraum und wurde eines der bedeutendsten Klöster im mittelalterlichen Deutschland, mit Einfluss am Königshof und reichem Grundbesitz. Viele Äbte entstammten dem sächsischen Adel und die Königshäuser der Karolinger und Ottonen maßen Corvey für die Herrschaftssicherung und den Landesausbau große Bedeutung zu. Bereits im 12. Jahrhundert setzte der Niedergang ein. Besonders die Zerstörung der umliegenden Stadt 1265 durch Bischof Simon von Paderborn wirkte sich verheerend auf die Abtei aus.

Nach dem Dreißigjährigen Krieg wurde das Kloster samt Kirche – bis auf das Westwerk – im barocken Stil neu errichtet. 1803 begann dann die profane Nutzung als »Schloss Corvey«.

Ab 2023 wird der Archäologiepark im Weserbogen die Geschichte der »Civitas Corbeia« erlebbar machen. Ein Rundweg umfasst das ehemalige Stadtzentrum mit Kirche, Häusern und aufwendig gepflasterter Straße. Die Kirche und das Haus des Chirurgen von der Weser – dem berühmtesten Bürger der Stadt Corvey – sind als Grundriss an originaler Stelle nachempfunden. Mehrere Hörstationen berichten vom Leben in der Stadt.

Exkurs: Auf dem Holzweg sein

Wer sprichwörtlich auf dem Holzweg ist, hat sich mal so richtig geirrt, ist gedanklich einer falschen Fährte gefolgt. Dieses seit dem 15. Jahrhundert gebräuchliche Sprichwort geht auf eine ganz praktische Bedeutung zurück: Die Menschen holten sich ihr Brenn- und Bauholz aus dem nahegelegenen Wald und transportierten dieses dann auf Leiterwagen oder hinter Pferden schleifend zurück. Dabei entstanden Wegspuren, die sich je nach Dauer der Nutzung und Beschaffenheit des Untergrunds auch mal tiefer eingraben konnten. Wandernde, die diesen Holzwegen folgten, merkten bald, dass sie sich geirrt hatten, denn irgendwann endete der Weg ganz unvermittelt im Wald.

Auch in Höxter waren Personen sicherlich einfach nur unterwegs, um ihr Brenn- und Bauholz aus dem Stadtwald diesseits der Bosseborner Warte zu holen, aber dieser Weg endete ausnahmsweise nicht wie der sprichwörtliche Holzweg, sondern führte als Teil der **Hellwegtrasse**③ in der Nähe des **Wartturms**② durch die Landwehr und weiter nach Brakel und bis zum Rhein.

Literatur- und Kartentipps

- Sonja Herzig, Höxter, Kr. Höxter – tom Roden. In: Heinz-Günter Horn (Hrsg.), Theiss Archäologieführer Westfalen-Lippe. Stuttgart 2008, 107–108.
- Michael Koch, Die Landwehr der Stadt Höxter, Kreis Höxter. Landwehren in Westfalen 2, hg. von der Altertumskommission für Westfalen. Münster 2016.
- Michael Koch/Andreas König, Die Brunsburg bei Höxter-Godelheim, Kreis Höxter. Frühe Burgen in Westfalen 29, hg. von der Altertumskommission für Westfalen. Münster 2009.
- Michael M. Rind, Perfectum est … – Corvey: erstes UNESCO-Weltkulturerbe in Westfalen-Lippe. Archäologie in Westfalen-Lippe 2014 (2015), 289–292.

Diese sieben verzierten Armringe aus Bronze und Eisen wurden auf dem Ziegenberg westlich von Höxter gefunden. Sie stammen aus der älteren bis mittleren Eisenzeit (800–350 v. Chr.) und wurden vermutlich einer Gottheit geopfert.

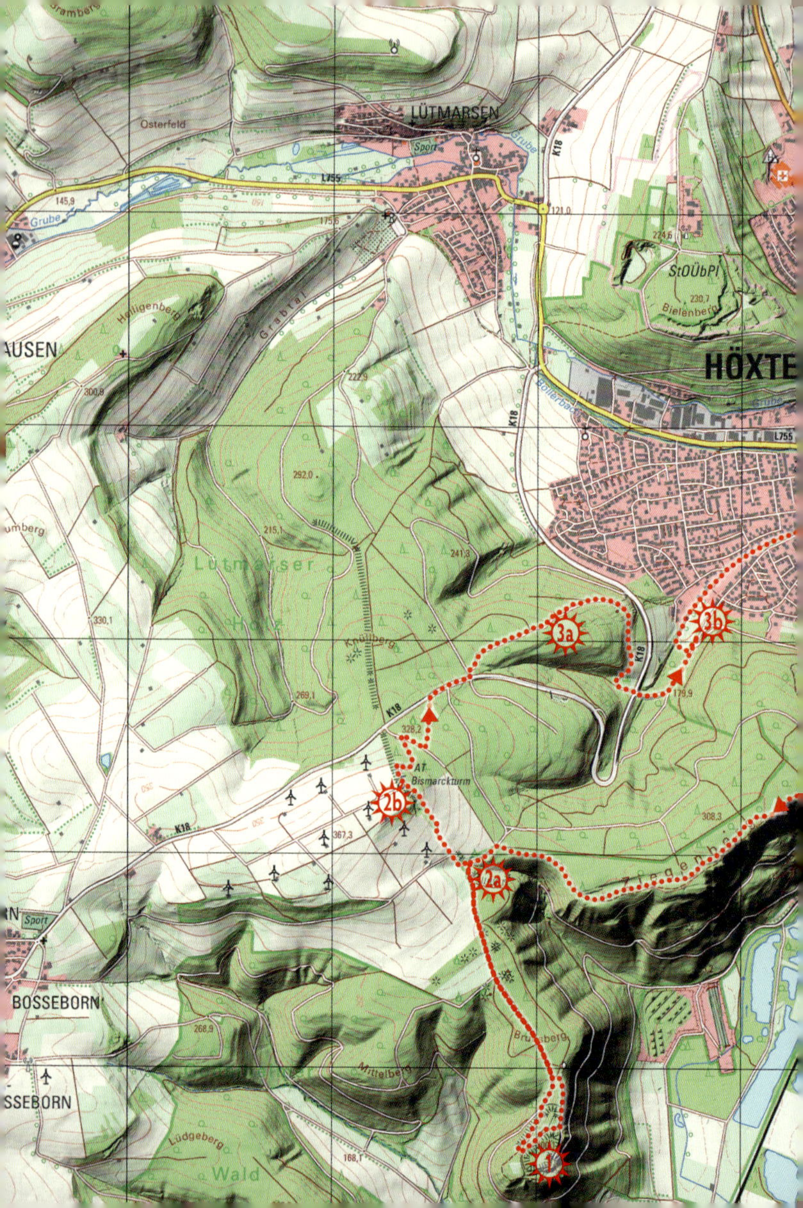

LÜTMARSEN
Osterfeld
Sport
Grube
L755
145,9
175,6
121,0
K18
224,6
StOÜbPl
230,7
Bielenberg
HÖXTE
Bollerbach
Heiligenberg
Grabtal
AUSEN
300,9
222,9
292,0
215,1
241,3
Lütmarser
Holz
330,1
Knüllberg
3a
3b
269,1
179,9
328,2
Bismarckturm
2b
367,3
308,3
2a
Ziegenberg
Sport
BOSSEBORN
268,9
Bruneberg
Mittelberg
SSEBORN
Lüdgeberg
Wald
168,1
1

LÜCHTRINGEN
WESER
CORVEY
Schloss
Hafen
StOÜbPl
BRÜCKFELD
Brückfeld
Am Wall
Roter Turm
Sport
Bad
Freizeitanlage
Höxter-
Godelheim
Kies
Piepenturm
außer Betrieb
K45
K31
K63
L755
64
91,5
96,6
93,0
LEGENDE
Start/Ziel
Haltestelle
Parkmöglichkeit
Einkehrmöglichkeit
Schutzhütte
Archäolog. Stätte
Point of Interest
Wanderweg in Richtung
m 500 1.000

Wanderung 5

Alles Kapelle auf dem »Monte Wedegonis«

Die Wittekindsburg in Porta Westfalica, Kr. Minden-Lübbecke

Auf dem Wittekindsberg sind Dank eines gläsernen Schutzbaus die empfindlichen Überreste der Kreuzkirche für Wandernde ebenso sichtbar wie die Relikte der sie umgebenden Wallburg und weiterer archäologischer Spuren.

Informationen

Start/Ziel: Bahnhof Porta Westfalica

Weglänge: 13 km

Reine Gehzeit: 3:55 h

Steigung: ↗/↘ 391 m

Schwierigkeit: mittelschwere Wanderung mit zwei steilen Steigungen, nicht kinderwagengeeignet (Treppen hinter dem Kaiser-Wilhem-Denkmal (KWD) zum Kamm hoch)

Einkehrmöglichkeiten: Wilhelm 1698 (www.wilhelm1896.de), Kiosk am Wittekindshof, Wilder Schmied (www.wilder schmied.de), Blue Bar (https://weser-blue-bar.business.site/), Zur Alten Fähre (https://zuraltenfähre.de/), Taverne Faro (https://tavernefaro.eatbu.com)

ÖPNV: Bahnhof Porta Westfalica

Parkplätze: P Bahnhof »Uferstr.« 9, P Floßplatz »Im Brückfeld« 3, Pendlerparkplatz »Godelheimer Str.« 29, Wanderparkplatz »Turmweg«/»Teutonenweg«

Markierte Wanderwege: [E 11], [Wittekindsweg], [Mühlensteig], [A 1], [A 2]

Tipp: Wer sich den ersten steilen Anstieg zum Denkmal sparen möchte, kann den Shuttle-Bus am P&R-Parkplatz an der Portastraße nutzen.

Wegbeschreibung

Mit dem Bahnhof im Rücken folgen Wandernde der Straße nach rechts, wenden sich rechts um die Kurve und hinter der Weserbrücke wieder nach rechts. An der ersten T-Kreuzung geht es rechts (Fahrradwegweisung: Freilichtbühne etc.) und an der zweiten links in die Wohnstraße. An der Kreuzung geradeaus über die Fußgängerampel und den Berg hoch, an der Freilichtbühne und am Kiosk/Parkplatz des Denkmals vorbei den Wanderwegen **[E 11]**, , , **[A 2]** bis zum **Kaiser-Wilhelm-Denkmal** ① bergauf folgen. Kurz vor dem Denkmal rechts den barrierefreien Aufgang nehmen und kurz vorm oberen Teil des Denkmals rechts die Treppe zum Kamm hoch gehen. **[E 11]**, , , **[A 2]** führen Wandernde am Moltketurm vorbei bis zum ehemaligen Gasthof Wittekindshof. Dieser liegt bereits innerhalb der Wälle der **Wittekindsburg** ②. Wandernde halten sich rechts und gelangen zu einem kleinen Parkplatz und folgen von hier der Beschilderung zur **Kreuzkirche** ③. Sowohl der Kammweg als auch der untere Weg am Nordwall entlang führen dorthin. Vom Schutzbau aus führt die Tour weiter über den unteren, rechts zwischen Kreuzkirche und Nordwall verlaufenden Weg bis zum sogenannten Häverstädter Tor, dessen Standort mit einer Infotafel kenntlich gemacht ist. Hier geht es rechts durch den **Hohlweg** bergab. An der Gabelung dem linken Weg, der eben weiterführt, folgen. An der nächsten Gabelung geht es geradeaus weiter auf den **[A 1]**. Immer wieder sind **Hohlwege** im Wald zu sehen. Wandernde biegen in der Ansiedlung nach links in **Im Königsberge** und rechts in **Im Königsberge 22 + 26** ein. Es geht bergauf und an einer T-Kreuzung führt die Tour weiter geradeaus auf dem **[A 1]**. Nach etwa 270 m führt der **[A 1]** links bergauf und erreicht nach weiteren 400 m eine Gabelung mit Wegweiser kurz vor der Gaststätte »Wilder Schmied«. Hier folgen Wandernde dem Weg scharf links Richtung **Wittekindsburg [E 11]**, , . Diese drei Wanderwege geleiten sie über den Kamm bis zur **Margarethenkapelle** ④. Hier geht es rechts bergab an der **Wittekindsquelle** ⑤ und geradeaus weiter am zugemauerten **Stollenmundloch** ⑥ vorbei. Danach biegen Wandernde an der ersten Gabelung scharf links ab und folgen dem Weg **[A 2]** bergab bis zum Fuß des Berges. Unten nicht rechts auf die Schranke zu, sondern links um die Kurve dem Weg bis zum Parkplatz am ehemaligen Hotel Kaiserhof folgen. Hier geht es rechts auf die Straße, über die zwei großen Kreuzungen geradeaus hinweg und hinter der Weserbrücke links zurück zum Bahnhof.

Kaiser-Wilhelm-Denkmal ①

Dort, wo die Weser das Wiehengebirge »durchbricht«, befindet sich das Tor nach Westfalen (Porta Westfalica). Hier thront weithin sichtbar das 1896 errichtete Kaiser-Wilhelm-Denkmal. Es war das erste von mehreren monumentalen Denkmälern, die Kaiser Wilhelm II. seinem Großvater zu Ehren errichten ließ. Er wird als erfolgreicher Feldherr mit zum Segensgestus erhobener rechter Hand dargestellt. Finanziert wurde das Bauprojekt von der Provinz Westfalen sowie durch private Spenden. Heutiger Eigentümer ist der Landschaftsverband Westfalen-Lippe, der 2018 nach einer Restaurierung die neue Ringterrasse mit Besucherzentrum eröffnete.

Wittekindsburg ②

Auf dem Kamm des Wiehengebirges liegt die Wittekindsburg. In den ersten Quellen des 10. Jahrhunderts wird sie noch »Wedegenburch« und der Berg im Jahr 1000 »monte Wedegonis« genannt. Erst im späten Mittelalter wurde sie nach dem ähnlich klingenden Sachsenfürsten umgedeutet. Es handelt sich um eine langgestreckte Anlage vom 650 m Länge und 110 m Breite. Sie wird von einer natürlichen, 3–7 m hohen Felswand in einen Südteil und ein höher gelegenes, schmales Nordareal geteilt. Zwischen »Ober- und Unterburg« war nur im Osten im Bereich des Wittekindshofs und ungefähr im hinteren Drittel ein Austausch möglich. Das Nordareal war wohl vor allem eine

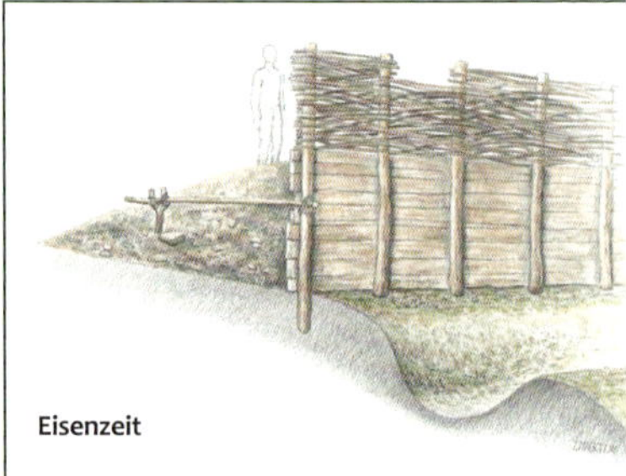

Eisenzeit

Frühes Mittelalter

Art Pufferzone. Der umgebende Wall war eine weithin sichtbare Grenze und verhinderte im Ernstfall, dass Feinde zur Klippe gelangten und von dort das unterhalb gelegene Südareal angreifen konnten.

Der im Osten, Norden und Westen vorhandene und bis zu 3 m hoch erhaltene Außenwall endet an der Felswand und setzt oberhalb davon wieder ein. Dank einer steilen Felsklippe im Süden war hier keine starke Befestigung nötig; vielleicht gab es eine Holzpalisade.

Unter dem Erdwall verbergen sich die Reste einer einst mächtigen, bis zu 2 m breiten Mauer, die aus einer Front- und Rückseite mit trocken verlegten Steinplatten und einer dazwischen befindlichen Füllung aus Sand und Lehm bestand (Zweischalentechnik). Vermutlich war sie 3 m hoch und zusätzlich mit einer hölzernen Brustwehr versehen.

Bei Untersuchungen der Mauer stellte sich heraus, dass die Fundamente in eine ältere Befestigungskonstruktion einschnitten. Sie bestand aus einem Wall mit einer Front aus Holzpfosten und Querhölzern sowie vorgelagertem Graben. Diese frühere Bauphase konnte anhand von typischen Gefäßscherben in das 3./2. Jahrhundert v. Chr., also in die Eisenzeit datiert werden. Sehr ähnliche Keramik stammt aus zeitgleichen Siedlungen am Nordfuß des Wiehengebirges. Die Wittekindsburg könnte diesen Siedlungen als Fluchtburg in Notzeiten gedient haben. Die Menge der eisenzeitlichen Funde schließt aber auch eine länger andauernde Besiedlung nicht aus.

Dort, wo Wandernde die Burg wieder verlassen, befand sich das einzige sicher nachgewiesene Tor (Häverstädter Tor). Hier überlappen sich die Wall-Enden über mehrere Meter und bilden eine 3,5 m breite, parallel zum Wall verlaufende Gasse. Diese zwang Ankömmlinge, die Burg so zu betreten, dass sie verteidigenden Personen ihre vom Schild nicht geschützte rechte Seite zuwenden mussten und verletzlich waren. Ein hölzerner Überbau bildete vermutlich eine Art Torhaus. Eine solche Torform ist typisch für die Eisenzeit. Es wurde anscheinend im frühen Mittelalter wieder reaktiviert. Ein weiteres Tor wird im Südwesten vermutet, wo Wandernde auf dem Rückweg wieder das Burgareal erreichen. Hier sind die Wall-Enden leicht nach innen gezogen, wie es bei Zangentoren, die es sowohl in der Eisenzeit als auch im frühen Mittelalter gab, üblich ist.

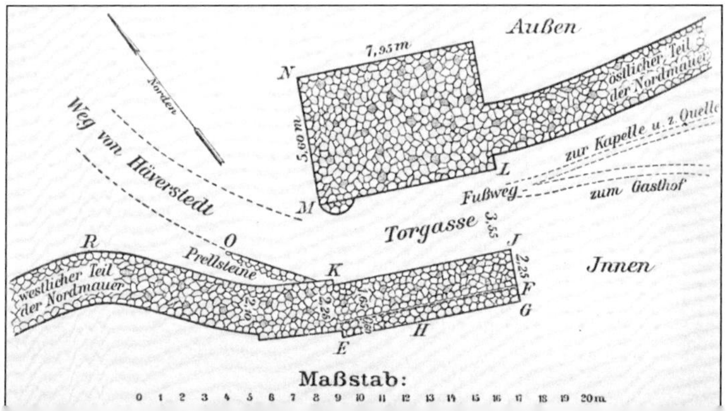

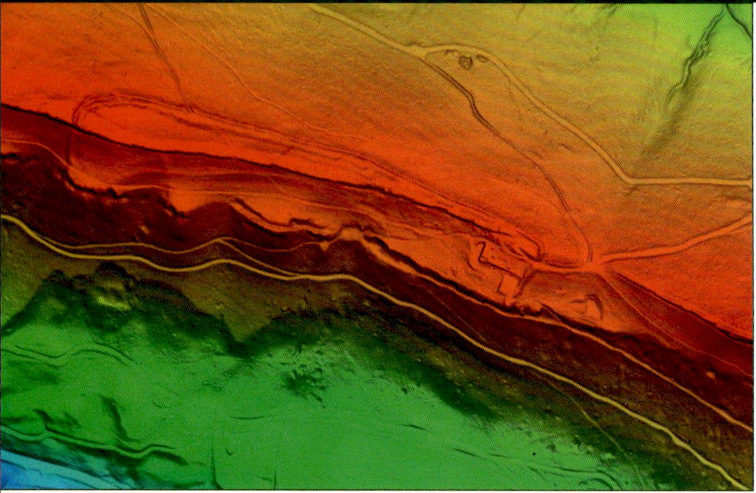

Die frühmittelalterliche Bauphase der Wittekindsburg lässt sich archäologisch in das 9./10. Jahrhundert einordnen. Sie könnte also im Zuge des karolingischen Landesausbaus oder als Teil des frühen ottonischen Burgenbauprogramms auf den Resten der Jahrhunderte alten Vorgängeranlage errichtet worden sein. Eine urkundliche Nennung legt nahe, dass die Burg im Jahr 993 zwar noch bekannt, aber nicht mehr als solche genutzt wurde. Nun begann nämlich das religiöse Leben auf dem Gelände.

Kreuzkirche ③

Direkt an der Felsklippe oberhalb der Quermauer kam 1996 eine Sensation zutage: Mauern aus Bruchsteinen bilden einen symmetrischen Kirchenbau in Form eines griechischen Kreuzes. Vier Räume von 4×4m umgeben einen mittleren Raum mit gleichen Ausmaßen. Bisher sind nur wenige vergleichbare Gebäude in Nordeuropa bekannt. Das nächstgelegene ist die Busdorfkirche in Paderborn (Wanderung 3) aus dem frühen 11. Jahrhundert. Die Kreuzkirche auf der Wittekindsburg wurde vermutlich kurz nach Aufgabe der Befestigung errichtet. Anscheinend diente sie als Grabkirche, denn in ihrem Inneren wurden die Bestattungen von einer Frau und vier Kindern freigelegt. DNS-Analysen zufolge waren mindestens zwei ihre leiblichen Nachkommen. Im westlichen Bereich ist die Mauer leicht über einem der Gräber angelegt, sodass diese beim Bau bereits dort gewesen sein müssen. Entweder war ihre Lage nicht mehr genau bekannt oder der unebene Untergrund erforderte diese Maßnahme. Heute sind die Grabstellen durch Metallplatten erkennbar gemacht.

Die Bauweise der Bruchsteinmauer mit Lehm als Bindemittel macht die Kreuzkirche zu einem äußerst schutzbedürftigen Denkmal. Zu diesem Zweck ließ die Gesellschaft zur Förderung der Archäologie in Ostwestfalen im Jahr 2003 einen gläsernen Schutzbau über dem Grundriss errichten und kümmert sich um die Pflege.

Werden Archäologie und Schriftquellen gemeinsam betrachtet, scheint es auf dem Wittekindsberg von Sakralbauten gewimmelt zu haben. Neben Kreuzkirche und Margarethenkapelle ⑤ standen hier noch eine Lambertuskapelle (1460 als verfallen genannt), ein Nonnenkloster, das sich nach 993 aus der Niederlassung einer Einsiedlerin entwickelt hat und um das Jahr 1000 in die Stadt Minden umgezogen ist, und eine von Mindener Minoriten möglicherweise zur Betreuung von Pilger*innen errichtete Kirche (1372 genannt). Baureste in der Burg mit Dachziegeln und Keramik aus dem 13./14. Jahrhundert könnten auf eines dieser Gotteshäuser zu beziehen sein. Dass es sich bei der Kreuzkirche um die Lambertuskapelle gehandelt haben könnte, ist nicht auszuschließen.

Margarethenkapelle ④

Die kleine, aus gleichmäßigen Sandsteinquadern errichtete Margarethenkapelle hat schon einige Instandsetzungsmaßnahmen hinter sich, wurde aber nie grundlegend verändert. An der Westfassade deuten zwei Baufugen auf einen ehemals vorhandenen Turm. Erstmals erwähnt wird die Kapelle 1224, baugeschichtlich wird sie in die Zeit um 1200 datiert.

Bemerkenswert ist der an der Westseite befindliche Kreuzstein. Die 1,85 m hohe Platte bildet ein Kreuz mit einem Tragestab ab, wie es bei Prozessionen verwendet wird. Vermutlich handelt es sich um eine Grabplatte aus dem 12./13. Jahrhundert. Vielleicht stammt sie von einem östlich gelegenen Friedhof, denn dort kamen mehrfach Skelettreste zutage.

Lange Zeit fanden Wallfahrten zur Kapelle statt und noch bis 1810 wurden regelmäßig Gottesdienste abgehalten.

Wittekindsquelle ⑤

Die Wittekindsquelle ist seit 1938 versiegt – eine Folge des Bergbaus, der zu dieser Zeit weiter nördlich betrieben wurde. Der Sage nach soll das Pferd des Sachsenführers Widukind die Quelle mit dem Huf aufgescharrt haben, was dieser als Zeichen des christlichen Gottes wertete und sich bekehren ließ. Im Deutschen Kaiserreich unter Wilhelm II. wurde sie entsprechend pompös eingefasst und die Szene im Rundbogen dargestellt. Die heutige Einfassung ist viel schlichter.

Ursprünglich befand sich die Quelle vermutlich weiter hangaufwärts und war Grundvoraussetzung für die hier angelegten Befestigungsanlagen der Eisenzeit und des Frühmittelalters.

Bergbauspuren ⑥

Wenige Meter westlich der Wittekindsquelle befindet sich das Stollenmundloch der Grube Conradine. Hier wurde um 1850 Eisenerz abgebaut. Dies geschah über den Stollen unter Tage, aber auch obertägig sind Abbauspuren in Form eines langen, tiefen Grabens sichtbar. Gegenüber dem Stolleneingang fällt zudem noch heute eine große Abraumhalde auf.

Exkurs: St. Leonhards Ruh'

Unterhalb des Kamms befindet sich in der Wolfsschlucht – und damit unzugänglich mitten im Naturschutzgebiet – ein alter Steinbruch, in dem seit dem Mittelalter der berühmte Porta-Sandstein abgebaut wurde. Die Margarethenkapelle, das Kaiser-Wilhelm-Denkmal, der Mindener Dom, das Rathaus in Minden und sogar der Dom in Bremen wurden aus diesem Material errichtet. Den Fels bedeckende, vom Scharriereisen hervorgerufene Rillen sind eindrucksvolle Zeugnisse des Abbaus.

Angrenzend befindet sich auf einer freiliegenden Felswand ein rätselhaftes Relief, das auf einer Länge von 0,88 m den Körper eines Menschen bis zum Knie zeigt, dessen Hände flach auf den Unterleib gelegt sind. Aufgrund von stilistischen Merkmalen wie der Haartracht könnte das Relief aus dem 13. Jahrhundert stammen. Es gibt verschiedene Theorien, die vom dilettantischen Pausenwerk eines Arbeiters aus dem benachbarten Steinbruch bis hin zu einer Frau im Stil britisch-irischer »Sheela-na-gigs« reichen. Letztere zeigen weibliche Figuren, die auf ihre Vulva weisen.

Literatur- und Kartentipps

- Rolf Plöger, Die Wittekindsburg bei Porta Westfalica, Kr. Minden-Lübbecke. Frühe Burgen in Westfalen 11, hg. von der Altertumskommission für Westfalen. Münster [3]2018.
- Birte Reepen, Archäologische Denkmäler auf dem Wittekindsberg. Ein Engagement der Gesellschaft zur Förderung der Archäologie in Ostwestfalen e. V. Archäologie in Ostwestfalen 14, 2019, S. 119–126.
- Elke Treude/Daniel Bérenger, Ostwestfalen-Lippe. Ausflugsziele zwischen Detmold, Bielefeld und Porta-Westfalica. Ausflüge zu Archäologie, Geschichte und Kultur 50. Stuttgart 2009, S. 155–157, 221–224.
- www.gefao.de

Beim Abstieg auf dem Südhang des Wittekindsbergs ist in der Weseraue der Fundplatz dieses in der römischen Kaiserzeit als Urne verwendeten Keramikgefäßes sichtbar: Porta Westfalica-Costedt (2./3. Jh. n. Chr.). Zu den mit Ritzungen und Punkten ausgeführten Verzierungen (auf der Kopie oben weiß nachgezeichnet) gehören neben geometrischen Mustern auch ein Hirsch (Ausschnitt) und möglicherweise astronomische Symbole.

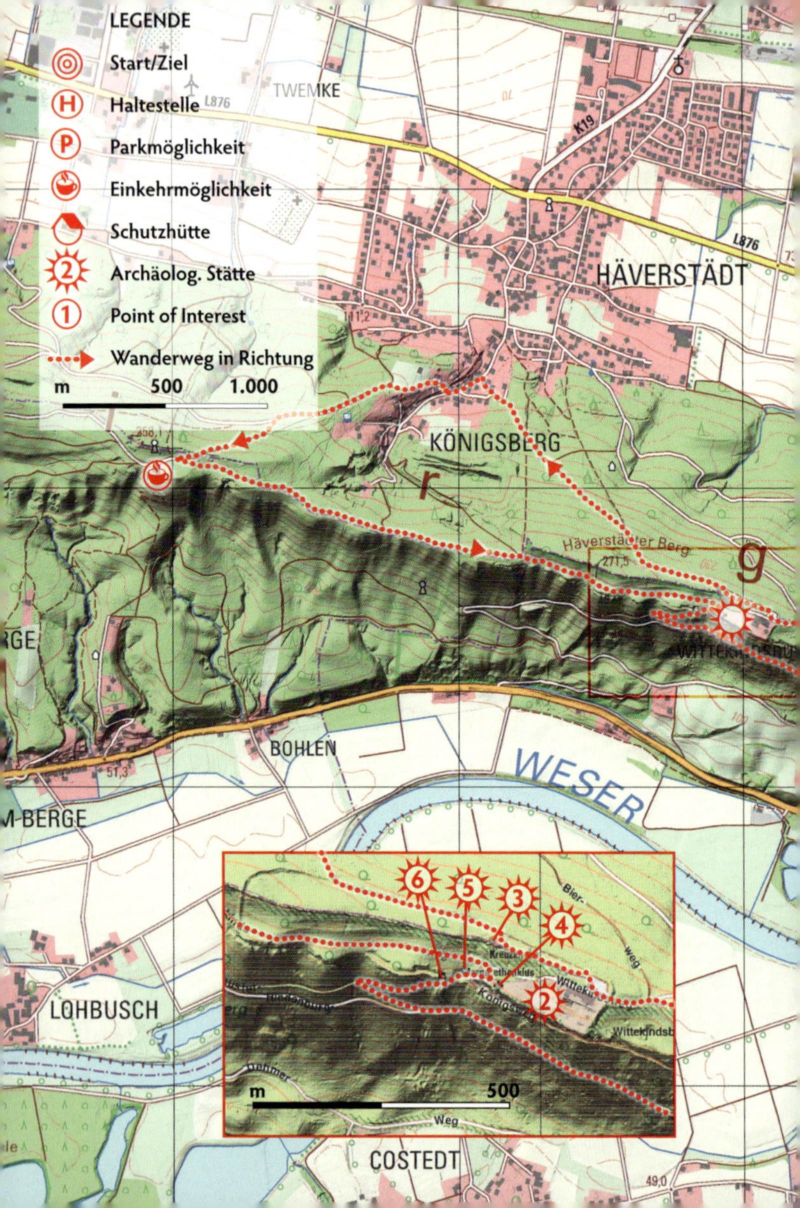

LEGENDE
Start/Ziel
Haltestelle
Parkmöglichkeit
Einkehrmöglichkeit
Schutzhütte
Archäolog. Stätte
Point of Interest
Wanderweg in Richtung
m 500 1.000
TWEMKE
L876
K19
HÄVERSTÄDT
KÖNIGSBERG
Häverstädter Berg
271,5
BOHLEN
WESER
LOHBUSCH
COSTEDT
m 500
Weg
Wittekindsb
Königsweg
49,0
51,3

BÖLHORST
KOLONIE
Baltussee
NEESEN
65
61
K18
Westernfeld
AUF DER
KUHLBREDE
KLOPPEN-
BURG
Sand
Sand
Sport
BARK-
HAUSEN
AULHAUSEN
L876
L764
L780
L876
Moltketurm
281,1
Porta
Westfalica
482
WEDIGENSTEIN
L780
KIEKE
TTENHUSEN
482
Sport
K42
K25
Sport

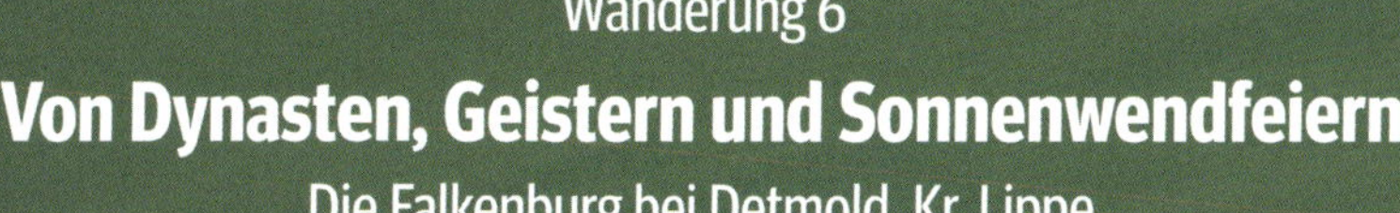

Wanderung 6

Von Dynasten, Geistern und Sonnenwendfeiern

Die Falkenburg bei Detmold, Kr. Lippe

Mit der bizarren und eindrucksvollen Felsformation der Externsteine hat die Wandertour ein Natur- und Kulturdenkmal von europäischem Rang zu bieten. Bereichert wird die Runde durch den Besuch der lippischen Dynastenburg auf dem Falkenberg und einem Gang durch die von Uhus bewohnte Geisterschlucht.

Informationen

Start/Ziel: Bushaltestelle/ Parkplatz Externsteine

Weglänge: 11,7 km

Reine Gehzeit: 3:20 h

Steigung: ↗/↘ 277 m

Schwierigkeit: leichte Wanderung mit einer stärkeren Steigung, nicht kinderwagengeeignet

Einkehrmöglichkeiten: Felsenwirt (www.felsenwirt.de), Waldesruh (www.waldesruh-externsteine.de)

ÖPNV: von Detmold Bahnhof oder Horn-Bad Meinberg Busbahnhof aus: Linie 792 (=Touristiklinie, fährt nur von Karfreitag bis 1.11.), Haltestelle »H.-B.M. Externsteine«

Parkplätze: »Externsteiner Straße« 33, 32805 Horn-Bad Meinberg

Markierte Wanderwege: [X 6], [X 7], Hermannsweg [H], Blaubeerrunde [B], [T], Residenzweg [R]

Wegbeschreibung

Von der Bushaltestelle aus auf dem **[X6]** und **[X7]** auf die Felsformation der **Externsteine** ① zugehen. Dort links durch die große Lücke und geradeaus am Europäischen Wanderwegekreuz vorbei. Ungefähr ab dem Forsthaus sind links im Wald **Hohlwege** ② zu sehen. In einer Kurve dem Schotterweg folgen, der geradeaus steil den Berg hinaufführt **[X6]**, **[X7]**, **[T]**. Kurz vor der Anhöhe führt ein kleiner Patt nach links, von dem aus ein tiefer **Hohlweg mit Geleisespur** ② zu besichtigen ist. Der offizielle Weg führt rechts daran vorbei auf eine Kreuzung zu, an der Wandernde rechts abbiegen **[X6]**, **[T]**. An der nächsten Gabelung rechts bergab dem **[T]** bis zur Schutzhütte kurz vor der **Falkenburg** ③ folgen. Nach der Besichtigung der Burg wieder zurück zur Schutzhütte und an der nächsten Kreuzung nach links dem **[T]** und **[A5]** folgen. Diese beiden Wanderwege leiten Wandernde um einen Bergsporn herum zur kleinen Geisterschlucht und zur **Geisterschlucht** ④. Von hier aus führt die Tour weiter geradeaus auf dem **[H]** über den Kamm zum Vogeltaufen-Denkmal, bergab durch den Ort über den Bärenstein bis an den Oberen Teich der Externsteine. Hier folgen Wandernde dem **[H]** noch nach rechts über die kleine Brücke, wenden sich dann aber auf den **[B]** nach links. Bevor das Ende des Unteren Teichs an den **Externsteinen** ① erreicht ist, am Wegweiser »Unterer Teich« nach links auf den **[X6]**/**[X7]** Richtung Parkplatz Hangstein, dort rechts halten, um die Bushaltestelle wieder zu erreichen.

Tipp: Die Falkenburg ist nur von April bis Oktober zugänglich. Die Geisterschlucht sollte zur Brutzeit des Uhus zwischen Februar und April nicht betreten werden.

Die Externsteine ①

Die Annahme, dass die sich aus bis zu 40 m hoch aufragenden Einzelfelsen zusammensetzende Formation der Externsteine schon immer Menschen fasziniert und zu Aufenthalten animiert hat, liegt nahe. Sie kann archäologisch jedoch nur bedingt bestätigt werden.

Bereits im 16. Jahrhundert kam die Vermutung auf, Karl der Große habe ein hier befindliches germanisches Heiligtum in eine christliche Kultstätte umgewandelt. Diese hält sich bis heute hartnäckig. Völkische Verbände des 19. Jahrhunderts und insbesondere die Nazis propagierten diese These vehement. Ausgrabungen 1934/35 sollten explizit germanische Spuren zutage bringen und Befunde wurden passend (um)gedeutet.

Tatsächlich gibt es jedoch trotz umfangreicher Ausgrabungen unterhalb der Felsen (bisher) keine Belege für eine Nutzung zwischen der späten Altsteinzeit (10.700–9.600 v. Chr.), als einige Jäger*innen und Sammler*innen unter einem Felsüberhang Steingeräte hinterließen, und dem 10./11. Jahrhundert n. Chr. Aus dieser Zeit stammen die ältesten Keramikscherben. 1129 taucht der Name »Egesterenstein« in Schriftquellen auf. Es wird ein den Abteien Essen-Werden und Helmstedt gehörender Haupthof genannt, der als Raststation zwischen den Klöstern diente.

Das 4,8 m hohe und 3,7 m breite Kreuzabnahmerelief gilt in der mittelalterlich-christlichen Monumentalkunst als einzigartig und wird von der Kunstgeschichte in die Zeit um 1150/70 datiert. Ebenfalls künstlich entstanden sind drei miteinander verbundene Grotten in dem Felsen, der in den Teich ragt. In der mittleren Höhle befindet sich eine Inschrift, die von einer Altarweihe im Jahr 1115 oder 1119 durch Bischof Heinrich II. von Paderborn berichtet. Thermoluminiszenz-Analysen (Exkurs) ergaben für Brandstellen in den Grotten Daten aus dem 10.–15. Jahrhundert. Ein weiterer Raum befindet sich auf dem benachbarten Felsen. Die sogenannte Höhenkammer ist heute über eine Brücke zu erreichen und weist eine Altarnische mit Rundfenster auf. Neuere archäoastronomische Analysen ergaben zwar, dass das Rundfenster sich ideal für Sonnen- und Mondbeobachtungen eignet. Ob diese ebenfalls bereits seit langer Zeit verfochtene These einer »Sternwarte« zutrifft, können die Berechnungen jedoch nur plausibel machen, aber nicht belegen.

Am Rand des Sees befindet sich noch ein in den Fels gearbeiteter, offener Steinsarkophag in einer bogenförmigen Nische, in dem allerdings nie jemand bestattet wurde. Kreuzabnahmerelief, Grotten und Sargfelsen scheinen zu einer hoch- bis spätmittelalterlichen Inszenierung im Rahmen von Passionsfestspielen zu gehören.

Aus den Schriftquellen ist bekannt, dass sich an den Externsteinen mindestens vom 14. bis 15. Jahrhundert eine Einsiedelei befand, zu der eine Kapelle (Hauptgrotte?) und ein »Oberer Altar« (Höhenkammer?) gehörten. Sechs Bestattungen unterhalb des Kreuzabnahmereliefs könnten von den hier wohnenden Eremiten stammen.

Mit der Reformation endete im 16. Jahrhundert das religiöse Leben vor Ort. Lange schon besaßen die Edelherren zur Lippe die Felsen mit ihrem Umland und errichteten hier 1660 eine kleine Festungsanlage. Seit dem 18. Jahrhundert entwickelten sich die Externsteine zu einem immer beliebteren Ausflugsziel. Fürstin Pauline zur Lippe (1802–20) ließ im Sinne der erwachten Naturromantik die Festung wieder abtragen und die

Felsen über Treppenaufgänge und Brücken zugänglich machen. Sie verbesserte die Erreichbarkeit, indem sie den uralten Fernweg (ein Zweig des Hellwegs), den schon die Äbte im 12. Jahrhundert nutzten, durch die Lücke zwischen den Steinen verlegte. 1836/37 wurde der Teich aufgestaut, später entstanden auch Hotels und mit Unterbrechung in der Zeit des Nationalsozialismus führte 1912–53 sogar die Straßenbahnlinie von Paderborn über Horn nach Detmold mitten durch die Felsformation. Ab 1935 erfolgte unter Beteiligung der SS eine Umgestaltung zum »germanischen Heiligtum«, die 1945 wieder rückgebaut wurde.

Seit 2004 ist eine 125 ha große Fläche um die Externsteine als FFH-Schutzgebiet ausgewiesen und 2006 wurden sie »Nationales Geotop«. Das Informationszentrum besteht seit 2010.

Eines ist sicher: Die Externsteine sind Faszination pur – auch ohne den Mythos eines germanischen Heiligtums oder eines alten Sonnenobservatoriums.

Hohlwege und Geleisespur ② a, b

Der bereits auf der Wandertour in Höxter (Wanderung 4③) angetroffene Hellweg hat auch hier Spuren hinterlassen. Es handelt sich um den nördlichen Zweig des Fernhandelsweges, der sich von Westen kommend in Paderborn teilt und in Hildesheim wieder zusammenkommt. Die ersten Hohlwegrelikte sind als bis zu 180 m breites Spurenfeld links vom Forsthaus zu sehen **(a)**, am deutlichsten werden sie auf dem letzten Drittel der Steigung (Schotterweg) sichtbar.

Am Rettungspunkt, kurz bevor der Weg sich gabelt und steil ansteigt, wurde zu unbekannter Zeit ein quer zu den Wegespuren verlaufender Wall möglicherweise als Sperre bzw. zur Verkehrslenkung angelegt.

Kurz vor dem Kamm ist links auf einer Strecke von etwa 130 m ein in den Fels gehauener Weg erkennbar **(b)**. Er ist bis zu 4 m tief und für die Führung der Wagenräder wurden Geleise im Abstand von ca. 1,3 m in den felsigen Untergrund gehauen. Hier hat demnach nur ein Wagen mit genormtem Radabstand durchgepasst. Angelegt wurde er vermutlich Anfang des 19. Jahrhunderts unter Fürstin Pauline zur Lippe, die die Verkehrsführung in der Umgebung verändert hatte.

Falkenburg ③

Betreten wird die Falkenburg durch ein erstes Tor, dessen Reste sich rechts im mächtigen Außenwall verstecken. Der einst 5 m breite Graben, der innerhalb des Walles die gesamte Anlage umgab, wurde

über eine Wippbrücke gequert, die von einem weiteren Torturm aus hochgezogen werden konnte. Der Zugangsbereich zwischen Brücke und Vorburg ist der Zwinger. Hier befanden sich rechts am Hang mehrere Gebäude, von denen zwei noch sichtbar sind. Möglicherweise handelte es sich bei einem davon um die Wachstube. Ein Stück weiter ist hangaufwärts der Abortturm der Hauptburg mit seinem in den Burggraben mündenden Abflusskanal sichtbar. Die rundliche Ebene mit wenigen Bebauungsresten war die ehemalige Vorburg, die vom Zwinger aus durch ein drittes Tor erreicht wurde. Hier befanden sich verschiedene Wirtschaftsgebäude und ein Brunnen.

Die Hauptburg wird nach rechts durch ein viertes Tor betreten. Die quadratischen Aussparungen sind Führungen für die Riegel, die die Torflügel verschlossen. Besser als in der Vorburg ist hier die an die Ringmauer angelehnte Bebauung mit freier Hoffläche in der Mitte zu erkennen. In der Ostecke – der Hauptangriffsseite zugewandt – befindet sich der runde Bergfried. Mit einem Durchmesser von knapp 11 m und einer Wandstärke von 3,5 m war er sehr wehrhaft. Ursprünglich war er wohl um die 30 m hoch. Fast die gesamte Südmauer nimmt das 27 m lange und 11 m breite Hauptgebäude der Burg ein, zu dem auch der Abortturm gehört. Es war unterkellert und vermutlich drei Stockwerke hoch. Im Erdgeschoss befand sich u. a. die Küche, darüber wohl der große Festsaal und ganz oben lagen die Verwaltungs- und Wohnräume des Burgherrn. Farbiges Fensterglas des 13. Jahrhunderts, eine wertvolle Schachfigur (Fundstück),

Fragmente von Metallgeschirr und vergoldete Zierbeschläge sind Zeugnisse des Wohlstands, der auf der Falkenburg herrschte. Eine Kapelle wird im Obergeschoss des Torturms der Hauptburg vermutet.

Schriftquellen und archäologisches Fundgut stimmen überein, dass mit dem Bau der Anlage um 1190 begonnen wurde. Es gibt mehrere Bauphasen, die zum Teil auf Brände um 1240 und 1453 sowie auf Anpassungen des Lebensstils und der Waffentechnik zurückzuführen sind. Nach dem ersten Brand wurden zum Beispiel alle früheren Fachwerkgebäude auf der Hauptburg durch Steinbauten ersetzt. Im 15. Jahrhundert wurde ein äußerer Verteidigungsring angelegt, der sich vermutlich bei einer Belagerung 1447 bewährte. Dann verlor die Falkenburg immer mehr an Bedeutung. 1493 als baufällig bezeichnet, diente sie noch bis in das 20. Jahrhundert als Steinbruch. Ein am Fuß des Berges entdeckter ehemaliger Hof belegt die spätere landwirtschaftliche Nutzung des Umfelds.

Die Höhenburg wurde vom Edelherrn Bernhard II. zur Lippe als Dynastenburg in strategisch gut gewählter Lage errichtet. Sie lag an der Grenze zum Erzbistum Paderborn im Südwesten, an einer wichtigen Fernhandelsstraße und sollte den Ausbau des lippischen Einflusses nördlich des Teutoburger Waldes vorantreiben.

Geisterschlucht ④

Der Wanderweg führt zunächst an der kleinen Geisterschlucht vorbei. Hier wurden in der Neuzeit Steine für den Ort Berlebeck gebrochen. Sichtbar ist die Rampe, auf der die Steine heruntergerollt wurden. Der Wanderweg durchschneidet sie. Im Steinbruch sind noch Spuren des maschinellen Abbaus in Form von langen Bohrlöchern erkennbar.

150 m weiter befindet sich die fast gänzlich zugewachsene Geisterschlucht. Von hier stammen die für den Bau der Falkenburg verwendeten Steine. Der auf dem Sporn der Falkenburg anstehende Kalkstein eignete sich zwar zur Mörtelherstellung, aber kaum als Material zum Mauerbau. Die Steine wurden im Steinbruch so zugearbeitet, dass sie am Bauplatz nur noch minimal nachgearbeitet werden mussten. Gegenüber der Steinbruchwand befindet sich eine große Abraumhalde.

Die mittelalterlichen Transportwege sind mit ihren Randsteinen und dem Pflaster auf der Strecke bis zum Vogeltaufen-Denkmal noch teilweise sichtbar. Auf dieser ca. 3 km langen Route hatten die Transportwagen lediglich den Höhenunterschied vom Steinbruch auf den Kamm und vom Fuß des Berges hoch zur Falkenburg zu überwinden.

Heute erobert sich die Natur den Steinbruch zurück. Nach mehreren verheerenden Stürmen wurden keine Aufräumarbeiten vorgenommen und seit einigen Jahren brüten wieder Uhus in den Felsnischen.

Exkurs: Thermolumuniszenz-Datierung

Der Zerfallsprozess natürlicher radioaktiver Strahlung in Festkörpern wie z.B. Gestein sorgt dafür, dass im Laufe der Zeit Energie gespeichert wird. Sie wird bei starkem Erhitzen in Form von Licht freigesetzt. Dies wird als Luminiszenz bezeichnet und ist messbar. Nach einem solchen »Reset-Ereignis« beginnt sich die Luminiszens im Objekt langsam wieder neu aufzubauen. Für die Datierung wird es erneut erhitzt und die Messung der abgegebenen Lichtmenge ergibt relativ genau den Zeitpunkt des letzten Erhitzens. Allerdings gibt das Datum keine Informationen zu früheren Bränden und ist als Momentaufnahme zu sehen. Das Verfahren eignet sich hervorragend für keramische Gegenstände, denn ihr Herstellungszeitpunkt kann so bestimmt werden, sofern sie – z.B. bei einem Hausbrand – keinem zweiten starken Hitzeereignis ausgesetzt waren. Auch die Altersbestimmung selbst bedeutet ein Reset der Energiespeicherung. Da es bisher nicht gelungen ist frisch gebrannte Keramik künstlich aufzuladen, ist die Methode fälschungssicher.

Literatur- und Kartentipps

- Johannes Müller-Kissing, Die Falkenburg bei Detmold-Berlebeck, Kreis Lippe. Frühe Burgen in Westfalen 41, hg. von der Altertumskommission für Westfalen. Münster 2018.
- Elke Treude, Michael Zelle, Die Externsteine bei Horn. Lippische Kulturlandschaften 18. Detmold 2011.
- Elke Treude/Daniel Bérenger, Ostwestfalen-Lippe. Ausflugsziele zwischen Detmold, Bielefeld und Porta-Westfalica. Ausflüge zu Archäologie, Geschichte und Kultur 50. Stuttgart 2009, S. 37–45.

Diese 10 cm hohe sitzende Figur von der Falkenburg wurde im späten 12. Jahrhundert vermutlich in einer Werkstatt in Köln kunstfertig aus einem Rinderknochen geschnitzt. Die Kleidung – insbesondere das über dem Gewand getragene, mit Kreuzen verzierte Band (= Pallium) – weist sie als Erzbischof aus. Die Figur diente als Läufer eines Schachspiels.

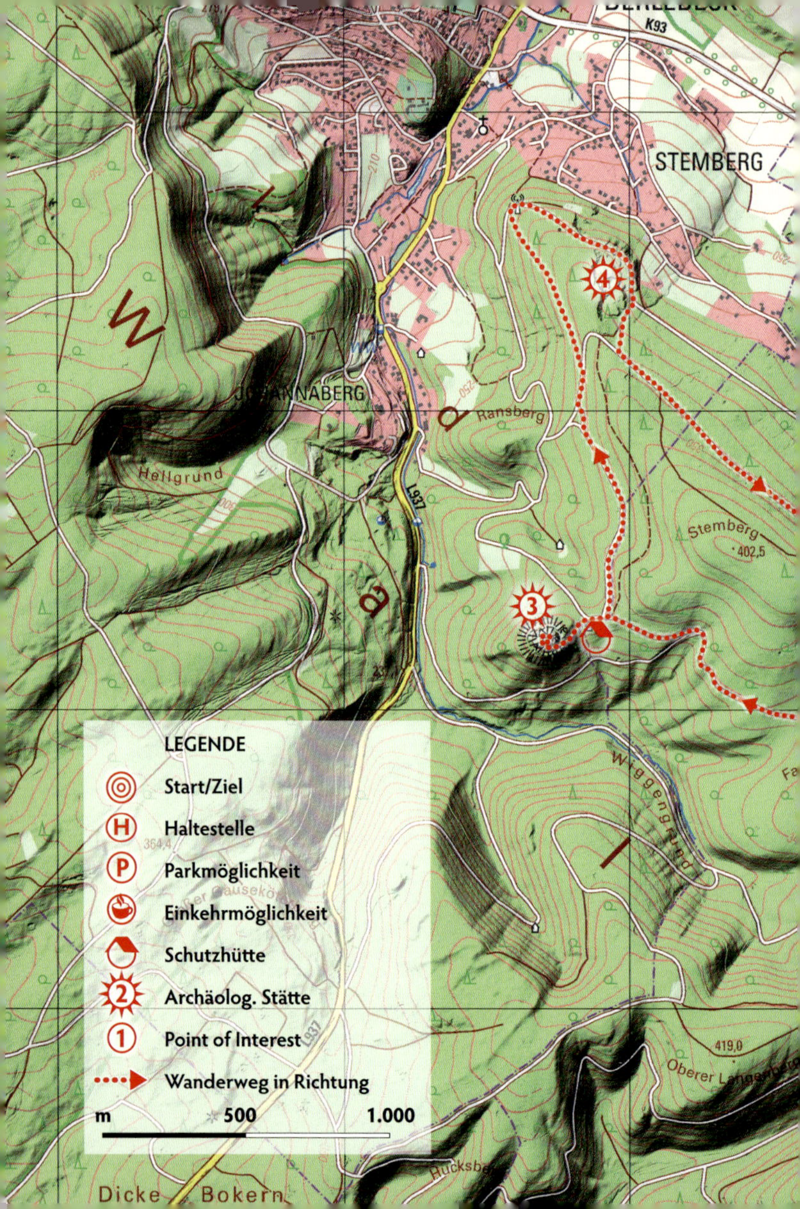

K93
STEMBERG
JOHANNABERG
Ransberg
Hellgrund
L937
Stemberg
402,5
Wiggengrund
364,4
419,0
Oberer Langenberg
Dicke
Bokern
LEGENDE
Start/Ziel
Haltestelle
Parkmöglichkeit
Einkehrmöglichkeit
Schutzhütte
Archäolog. Stätte
Point of Interest
Wanderweg in Richtung
m
500
1.000

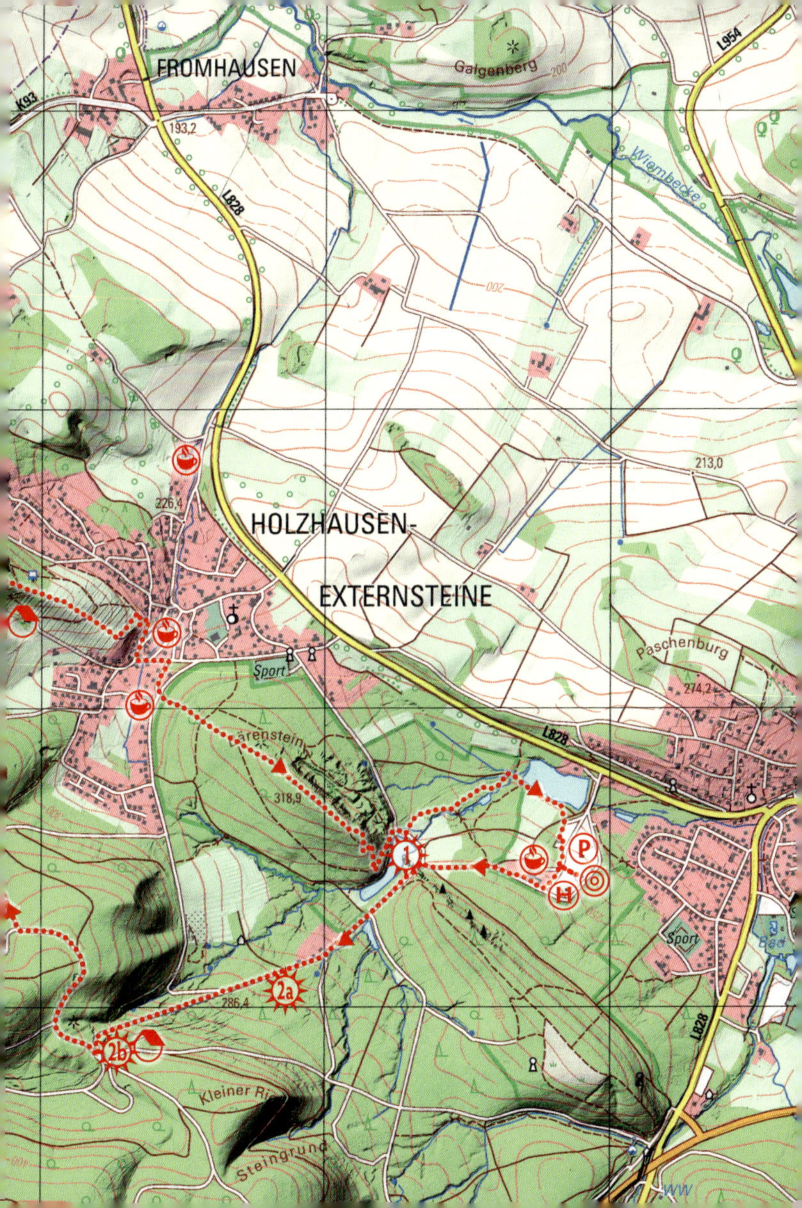

FROMHAUSEN
Galgenberg
L954
K93
193,2
L828
Wiembecke
200
213,0
226,4
HOLZHAUSEN-
EXTERNSTEINE
Paschenburg
274,2
Sport
L828
318,9
1
P
H
2a
286,4
2b
Kleiner Ri
Steingrund
Sport
Bad
L828

Wanderung 7

»Glückauf« in Borgholzhausen

Früher Bergbau bei Borgholzhausen, Kr. Gütersloh

Weithin sichtbar ist der Turm der mittelalterlichen Burg Ravensberg und die Fahne mit drei roten Sparren, dem Wappen der Grafen von Ravensberg. Von oben bietet sich Gästen ein großartiger Ausblick auf die Umgebung. Bei vielen weniger bekannt ist die bis in das 16. Jahrhundert zurückreichende Bergbautradition der Region, die sich für aufmerksame Wandernde im Landschaftsbild verewigt hat.

Informationen

Start/Ziel: Bahnhof Borgholzhausen

Weglänge: 20,2 km

Reine Gehzeit: 5:30 h

Steigung: ↗/↘ 359 m

Schwierigkeit: mittelschwere Wanderung mit mehreren Steigungen, eine davon steil, bedingt kinderwagengeeignet (z. T. etwas holprige Waldwege und Steigungen)

Einkehrmöglichkeiten: Gaststätte Burg Ravensberg (www.burg-ravensberg.de/die-gaststaette), Haus Hagemeyer-Singenstroth (www.haushagemeyer.de), verschiedene in Borgholzhausen

ÖPNV: Bahnhof Borgholzhausen

Parkplätze: Bahnhof (gegenüber »Industriestraße« 1), Wanderparkplatz Burg Ravensberg (»Barenbergweg« 47)

Markierte Wanderwege: Entdeckerweg [E], Hermannsweg **H**, Weg für Genießer **G**, »Schau ins Land«-Weg [X 25], Panoramaweg, Sachsenweg **S**

Wegbeschreibung

Vom Bahnhof aus gehen Wandernde zur **Versmolder Straße** und folgen dieser nach rechts über die große Kreuzung hinweg. Der [E] führt Wandernde am Wanderparkplatz vorbei bis kurz vor die **Burg Ravensberg** ①. Am Abzweig der Wanderwege [E], H und nach links (Bank und Infotafel) halten Wandernde sich geradeaus. Sie betreten das Burginnere und umrunden den mächtigen Bergfried. Danach bietet sich auch eine Umrundung der Außenmauern auf dem Rundweg an. Erst dann geht es zurück zum Abzweig und weiter entlang der Wanderwege [E], H und . Im Tal an der sog. Carstens-Eiche geht es weiter geradeaus entlang H und . Der Weg durchquert das Hesseltal und erreicht nach einem steilen Anstieg den Kamm. An einer Kreuzung, an der der Funkmast bereits in Sichtweite ist, verlassen Wandernde die beiden markierten Wege und biegen bergab nach links, dann nach rechts in den einmündenden Weg an **Bergbauspuren** ② vorbei und an der nächsten Gabelung wieder bergab nach links ab. An der Kreuzung halten Wandernde sich geradeaus und folgen erneut dem auf den gegenüberliegenden Kamm und geradeaus auf einem Grasweg an den Waldrand, dem nach links gefolgt wird. Der zweigt von der Tour ab, dafür mündet nach ca. 350 m der [X 25] ein. An dieser Stelle und über eine Strecke von ca. 2 km befinden sich einige Bergbauspuren und das **Steinkohlebergwerk »Gute Hoffnung«** ③ rechts vom Wanderweg. Der [X 25] übernimmt die Führung bis nach Borgholzhausen. Kurz vor Erreichen der ersten Häuser befand sich einst die **Nike-Herkules-Raketenbasis** ④. Am Ende der **Wiesenstraße** verlassen Wandernde den [X 25] und folgen nun dem in den Ortskern bis zum **Kultur- und Heimathaus mit Geo-Garten** an der **Freistraße**. Von hier aus geht es auf dem S weiter über den **Jammerpatt** nach Süden. An der Kreuzung mit Wegweisern und einer Doppelliege folgen Wandernde dem S, H und Richtung Bahnhof. Die nächste (vor dem zweiten Sandsteinhaus) biegen Wandernde rechts ab und erreichen am Wanderparkplatz den [E], der rechts auf **Unter der Burg**, links in **Nollheide** und links in **Versmolder Straße** zurück zum Bahnhof führt.

Burg Ravensberg ①

Die Burg Ravensberg war zusätzlich zum steilen Abhang von einem breiten Graben mit vorgelagertem Wall umgeben. Eine Ringmauer schützte die Hauptburg und seit einer späteren Bauphase auch die Vorburg.

Wandernde betreten von Westen zunächst die Vorburg durch die Reste eines Rundturms, der später für ein Tor durchbrochen wurde. Wo sich der ursprüngliche Zugang zur Burg befunden hat, ist unklar. Die Westseite war die Hauptangriffsseite, daher deutet eine Erhebung vor dem späteren Zugang den Rest eines bastionsartigen Vorwerks an. Von der alten, vor allem Wirtschaftsbauten und Wohnraum für die Bediensteten umfassenden Bebauung sind nur noch wenige Grundmauern erhalten. Das Fachwerkhaus und die Freilichtbühne sind modern.

Die Hauptburg befindet sich auf dem höher gelegenen östlichen Areal und beginnt auf Höhe des mächtigen, 19 m hohen Bergfrieds. Einst trennte eine an den Turm anschließende Mauer Vor- und Hauptburg. Der Bergfried ist – ähnlich wie die Sparrenburg (Wanderung 1) – zur Hauptangriffsseite hin spitz zulaufend gebaut. Das Mauerwerk zeigt, dass er vermutlich in späteren Zeiten, als seine Wirkung als Wehrturm nicht mehr notwendig war, an drei Seiten mit Anbauten versehen wurde. An der Südseite befand sich in luftiger Höhe der ursprüngliche Zugang in den Turm mit achteckigem Innengrundriss und mittelalterlichem Kuppelgewölbe.

Die ursprünglich dichte Bebauung war an die Ringmauer gedrängt und ließ in der Mitte einen Hof frei. Auf der rechten Seite befand sich wohl das Hauptgebäude, der Palas, das u.a. Wohnräume und einen Festsaal umfasste. Ein schmaler, hoch aufragender Rest der hinteren Ecke ist noch erhalten. In der früheren Bauphase verlief die Mauer der Hauptburg von hier in einem Halbkreis auf die andere Seite des Bergkegels. Später wurde die Anlage auf ihre heutige Größe erweitert. Bei dem neben der modernen Terrasse befindlichen erkerartigen Vorbau mit einer Öffnung am unteren Ende des Hanges könnte es sich um den zum Palas gehörigen Aborttturm mit Abfluss in den Burggraben handeln. Nur über Schriftquellen nachweisbar ist eine Kapelle, die sich in unmittelbarer Nähe des Palas befand. Der Brunnen auf der gegenüberliegenden Seite gehört mit seinen über 100 m Tiefe zu den tiefsten Burgbrunnen Deutschlands. Im heutigen Brunnenhaus befindet sich ein Tretrad aus dem 19. Jahrhundert, mit dem Wasser nach oben befördert werden konnte.

Die Burg Ravensberg wurde spätestens in der Mitte des 12. Jahrhunderts von den Grafen von Ravensberg errichtet. Sie diente diesem in Ostwestfalen bedeutenden Adelsgeschlecht über fünf Generationen bzw. 200 Jahre lang als Stammsitz und Hauptburg ihres Herrschaftsbereichs. Nach dem Aussterben der männlichen Linie um 1346 verlor sie an Bedeutung. Es sind wiederholt Reparaturen überliefert, sie erfuhr aber keine umfassende Anpassung mehr an neue Waffensysteme. Dennoch spielte sie in kriegerischen Auseinandersetzungen des 15.–17. Jahrhunderts immer wieder eine Rolle. Danach diente der Turm noch lange Zeit als Gefängnis (Wanderung 1, Exkurs), während die meisten anderen Gebäude abgerissen wurden.

Heute informieren aktuelle Tafeln über die Ausgrabungen, die Geschichte und interessante Details der Burg.

Bergbauspuren ② a und b

Auf dem Kamm des Teutoburger Waldes, der auf diesem Abschnitt »Große Egge« heißt, verstecken sich links vom Weg zahlreiche, von dichtem Brombeergestrüpp überwachsene und zum Teil in Reihen liegende Eintiefungen (a). Hierbei handelt es sich um sogenannte Pingen. Sie sind Relikte eines vermutlich in der frühen Neuzeit betriebenen Bergbaus, bei dem oberflächlich nach Rohstoffen gegraben wurde. Charakteristisch ist der Erdaufwurf, der sich rund um die Kuhlen befindet. Hier am Nordhang der Großen Egge stand das Schürfen von Eisenerz im Vordergrund, das bis in das 19. Jahrhundert hinein vorgenommen wurde.

Neben den Erzen waren immer auch Steine ein begehrter Rohstoff. Auf dem parallel zum Kamm verlaufenden Weg befinden sich etwa 6 m hinter der Rechtsabbiegung auf der rechten Seite ein zugewachsener ehemaliger Steinbruch und auf der linken die zugehörige Abraumhalde (b).

Steinkohlebergwerk »Gute Hoffnung« ③ a und b

Besser sichtbar wird der regionale Bergbau entlang des [X25], der einem niedrigeren Höhenrücken folgt. Zunächst sind viele Spuren des Sandstein- und Mergelabbaus zu erkennen. Der Kamm ist nur an wenigen Stellen nicht angegraben worden (a).

Weiter westlich wurde im Bereich der ehemaligen Zeche »Gute Hoffnung« Steinkohle gesucht und abgebaut (b). Kohleflöze kommen in Form von Teillagerstätten zwischen Oerlinghausen im Osten und Tecklenburg im Westen immer wieder an die Oberfläche, so auch bei Borgholzhausen und Halle. Sie sind in der Unteren Kreide vor 105 Mio. Jahren entstanden.

Die Gewinnung geschah zeitweise durch sogenannte Gewerkschaften (= Zusammenschluss aller Teilhabenden an einem Bergwerk). Wegen der geringen Mächtigkeit und Qualität der Flöze kam der Abbau aber immer wieder zum Erliegen und beschränkte sich dann auf Eigeninitiativen ansässiger Bauern. Zum Ende des 19. Jahrhunderts wurde die Förderung in der Region eingestellt und erlebte nur mit der Kohlenknappheit im Zuge der Inflation nach dem 1. Weltkrieg noch einmal eine kurze Reaktivierung.

Das Steinkohlebergwerk »Gute Hoffnung« wurde wohl vor 1750 in Betrieb genommen. Teile der sichtbaren Bergbautätigkeit sind vermutlich noch älter. Die Bohrlöcher, Pingen, verfüllten Schürfschächte und Halden sind im Gelände unterschiedlich gut zu sehen. Auch ein Stollen gehörte dazu. Gut erkennbar sind zwei tiefe Trichter rechts des Weges, die auf ehemalige Schächte zurückgehen. Möglicherweise lässt sich die Nachricht, dass um das Jahr 1666 im Krieg gegen die

Niederlande mehrere feindliche Soldaten in einen Kohlenschacht gestoßen und dort liegengelassen wurden, auf die Zeche »Gute Hoffnung« beziehen; dann hatte der Abbau hier ebenfalls bereits früher eingesetzt.

Nike-Hercules-Raketenbasis ④

Am Rand von Borgholzhausen bestand während des Kalten Krieges von 1963 bis 1983 eine Raketenabschussbasis der Alliierten, die zu einem systematischen, sich quer durch Europa ziehenden Luftabwehrsystem gehörte. Sie stand unter dem Befehl der niederländischen Luftwaffe. Auf dem 11,6 ha großen Areal wurden unter strengster Bewachung und Geheimhaltung mehrere Langstreckenraketen des Typs Nike Hercules (Reichweite 150 km) bereitgehalten. Eine kleine US-amerikanische Sondereinheit kontrollierte die Atomsprengköpfe, mit denen sie jederzeit ausgestattet werden konnten. Drei Abschussvorrichtungen für die Raketen und mehrere Lagerhallen dominierten das Gelände. Bis auf wenige Bauten ist von dem Komplex nichts mehr übrig. Sollten sich also zukünftig Fragen ergeben, die das vorhandene Archivmaterial nicht beantworten kann, wäre auch ein solcher Ort ein Fall für die Archäologie.

Exkurs: Glückauf in OWL

Die Steinkohleflöze im Raum Borgholzhausen/Halle sind weder mächtig noch durchgehend. Es handelt sich um Teilflöze. Daher wurde an vielen Stellen nach dem begehrten Rohstoff gesucht, aber nicht immer war die Suche erfolgreich. Um Steinkohle zu finden, wurden Pingen bzw. Schürfschächte in den Boden gegraben. War die Aussicht auf Erfolg groß, so teuften (Bergbausprache für: graben) die Suchenden einen in der Regel 2 × 2 m großen Schacht in die Tiefe ab und trieben von diesem eine Strecke (= horizontaler Tunnel ohne direkte Verbindung zur Oberfläche) auf das Flöz zu, sodass sie es im Erfolgsfall in der Steinwand vor sich sahen. Eine andere Möglichkeit war das Anlegen eines Stollens (= horizontaler Tunnel mit Verbindung zur Oberfläche). Dann wurden im rechten Winkel weitere Strecken angelegt, die dem Flöz folgten. Die Kohle konnte herausgebrochen und mit einer Haspel (= Seilwinde) an die Oberfläche gebracht werden.

Die Bergleute mussten zunächst einen langen Fußmarsch vom Dorf bis zur Abbaustelle zurücklegen. Nur der Steiger, also der aufsichtführende Beamte, hatte ein Pferd. In die Anlagen selbst gelangten sie über eine Fahrt (= Leiter) oder wurden mit der Haspel in einem Korb stehend in den Schacht hinabgefahren. Der Bergbau war ein harter Knochenjob, der auch in dieser Zeit bereits Staublungen mit sich brachte.

Interessant ist zudem, dass die heute stark in der Kritik stehende Fichte vor allem wegen des Bergbaus in die Region gelangte. Sie wächst schnell und hat genau das richtige Holz zum Abstützen der Stollen und Strecken. Denn Fichtenholz fängt an zu knarzen, bevor es bricht, was unter Tage als Frühwarnsystem viele Menschenleben retten konnte.

Literatur- und Kartentipps

📖 Stefan Leenen, Die Burg Ravensberg bei Borgholzhausen, Kreis Gütersloh. Frühe Burgen in Westfalen 31, hg. von der Altertumskommission für Westfalen. Münster 2010.

📖 Hans-Joachim Sternberg, Alte Bergwerke bei Borgholzhausen und Halle in Westfalen. Harsewinkel 2008. (Die Dokumentation ist u.a. bei der LWL-Archäologie für Westfalen, im Staatsarchiv Münster und in einigen lokalen Archiven einsehbar.)

🖱 www.burg-ravensberg.de

🖱 www.haller-zeitraeume.de/exponate/kohle-in-sandstein

Diese Gesteinsplatte, die nahe des Sportplatzes in Borgholzhausen geborgen wurde, zeigt Fährten von sogenannten Tetrapoden (vierfüßige Wirbeltiere). Vermutlich handelte es sich um reptilienähnliche Tiere (Rhynchosauroides peabodyi) mit 4–10 cm großen »Füßen«. Sie haben sich vor rund 240 Millionen Jahren (Unterer Muschelkalk) in feuchten Untergrund eingeprägt und sind dann versteinert.

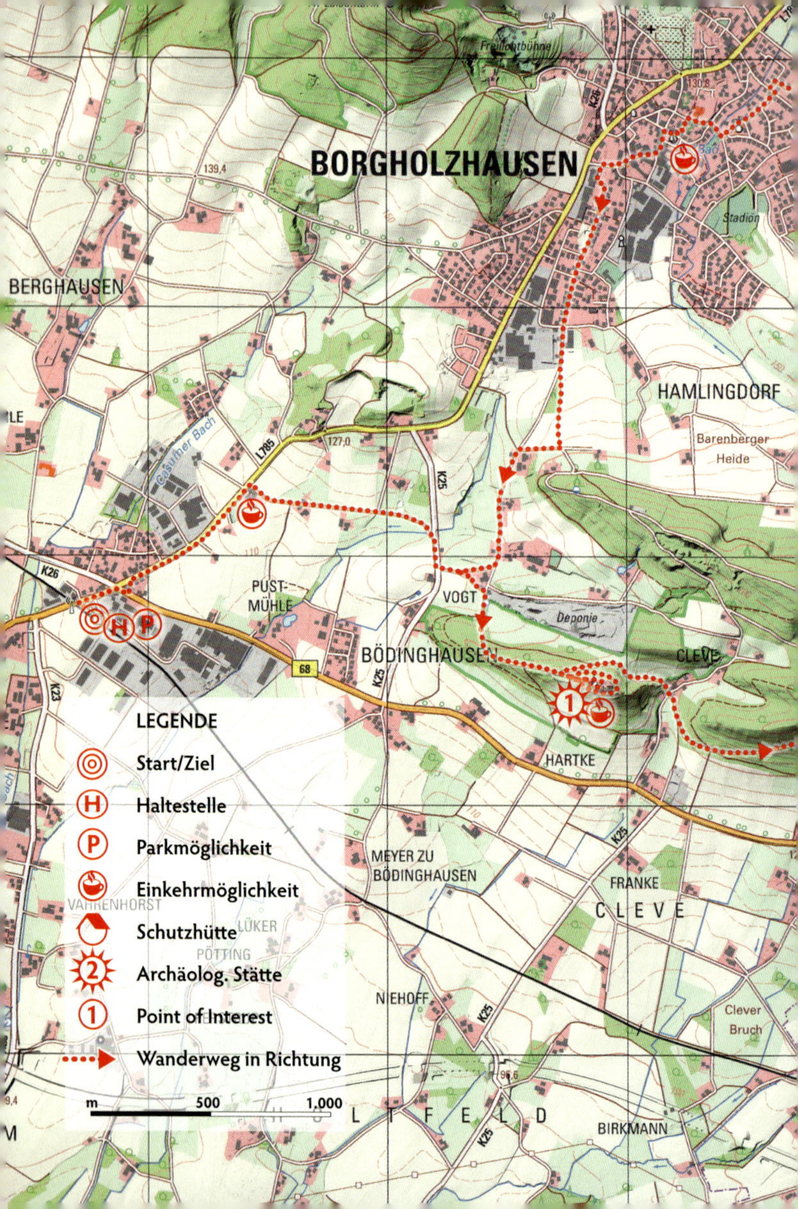

BORGHOLZHAUSEN
Freilichtbühne
Stadion
BERGHAUSEN
HAMLINGDORF
Barenberger Heide
Casumer Bach
L785
K25
K26
K23
PUST-MÜHLE
VOGT
Deponie
BÖDINGHAUSEN
CLEVE
68
HARTKE
MEYER ZU BÖDINGHAUSEN
FRANKE
C L E V E
NIEHOFF
Clever Bruch
BIRKMANN
VAHRENHORST
LÜKER
PÖTTING
LEGENDE
Start/Ziel
Haltestelle
Parkmöglichkeit
Einkehrmöglichkeit
Schutzhütte
Archäolog. Stätte
Point of Interest
Wanderweg in Richtung
m 500 1.000

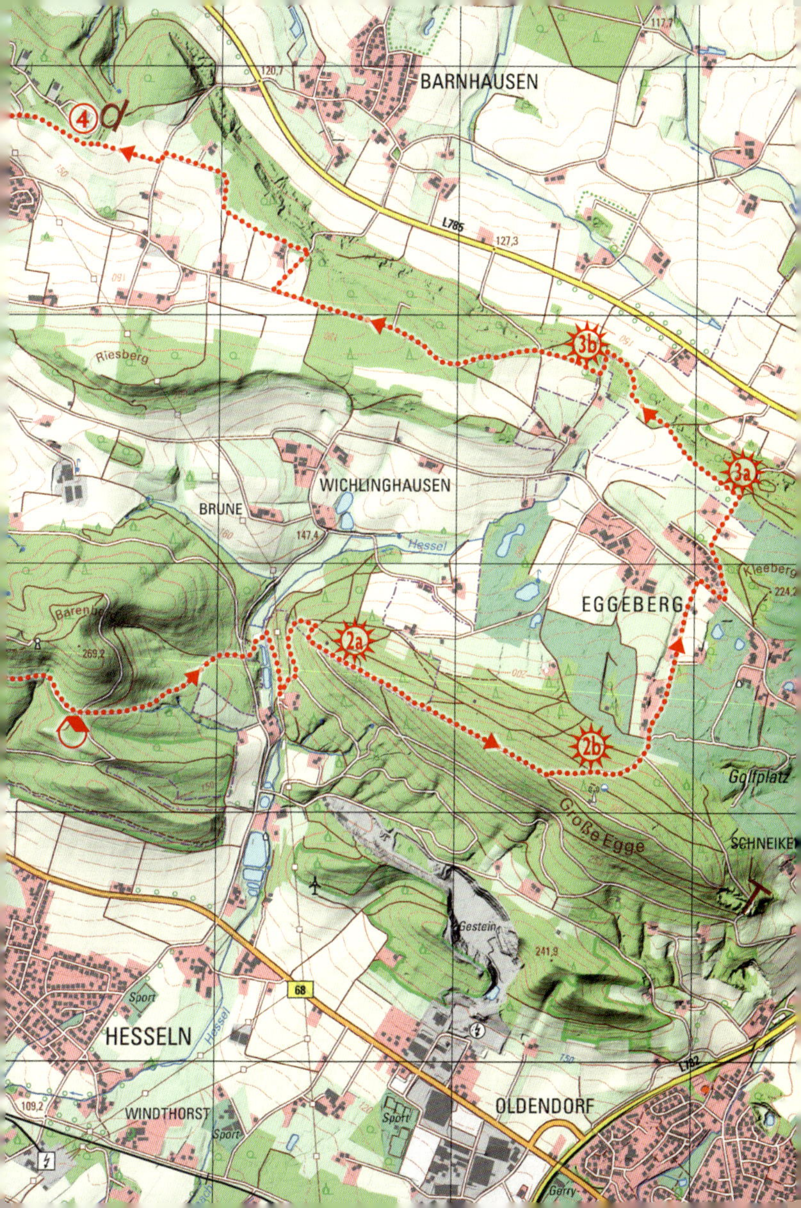
BARNHAUSEN
120,7
117,7
4
d
L785
127,3
Riesberg
3b
3a
WICHLINGHAUSEN
BRUNE
147,4
Hessel
Kleeberg
224,2
EGGEBERG
Barenberg
269,2
2a
2b
Golfplatz
Große Egge
SCHNEIKER
Gestein
241,9
68
Sport
HESSELN
Hessel
L782
109,2
WINDTHORST
Sport
Sport
OLDENDORF

Wanderung 8

Drei Burgen und ein Solarium

Die Holsterburg bei Warburg, Kr. Höxter

Drei Burgen, die im Hochmittelalter gleichzeitig bestanden und deren von Konflikten geprägte, wechselvolle Geschichte eng miteinander verflochten ist, stehen bei dieser Wandertour im Vordergrund.

Informationen

Start/Ziel: Bahnhof Warburg

Weglänge: 20,2 km

Reine Gehzeit: 5:25 h

Steigung: ↗/↘ 306 m

Schwierigkeit: mittelschwere Wanderung mit zwei sehr steilen Steigungen, nicht kinderwagengeeignet (Treppen am Desenberg und am Burgberg in Warburg)

Einkehrmöglichkeiten: verschiedene in Warburg, Biergarten Kuhlemühle (www.biergarten-kuhlemuehle.de), Dalheimer Kaffeegarten (»Zur Uhlenburg«, Wochenenden ab 14 Uhr), Café Eversburg (www.camping-eversburg.de)

ÖPNV: Bahnhof Warburg

Parkplätze: P & R am Bahnhof und P in der »Bahnhofstraße«

Markierte Wanderwege:
[Schmetterlingssteig], [X 2]

Wegbeschreibung

Mit dem Bahnhof im Rücken wenden Wandernde sich nach rechts, nutzen links die Unterführung und gehen dahinter rechts. Bei der nächsten Möglichkeit erneut rechts unter den Bahngleisen entlang und rechts auf die **Desenbergstraße.** Dort, wo der Seitenstreifen aufhört, geht es links in **Sielheimer Weg.** Nach ca. 550 m an der ersten Möglichkeit rechts (Radweg). Nach ca. 780 m links und nach weiteren 800 m an der Birkenreihe nach rechts (Radweg). Nach ca. 800 m den Radweg verlassen und rechts auf den Desenberg zu gehen. Die Straße überqueren und ihr 100 m nach rechts folgen, dann geht es links Richtung Parkplatz Desenberg. Hinter der Linkskurve dem Wanderpfad rechts bergauf bis zur **Burgruine auf dem Desenberg** ① folgen. Nach der Besichtigung geht es denselben Weg wieder bis zu dieser Gabelung zurück, dann wenden Wandernde sich nach rechts. An der Kreuzung und an der folgenden T-Kreuzung rechts abbiegen. Nach 1 km an der Kreuzung mit dem Bibelpfahl links abbiegen. An der Kreuzung hinter der Bahnüberquerung nach links wenden und der

Wegweisung nach Dalheim auch über die nächste Gabelung hinweg folgen. Hinter der Diemelbrücke rechts . Es geht geradeaus am **Gut Dalheim** vorbei und in einer Linkskurve in den Ort hinein. Hier direkt rechts in **Zur Uhlenburg** . Kurz vor der B7 geht es auf dem Radweg nach rechts durch die Unterführung. Dahinter links Richtung »Holsterburg«. Der führt Wandernde bis zur Ruine der **Holsterburg** ②. Hier geht es nach rechts weiter und an der T-Kreuzung erneut nach rechts (Wegweisung: Warburg). Immer geradeaus bis zu einer größeren Straße, der 60 m nach links gefolgt wird, dann sofort rechts. Dort, wo der Grasweg sich gabelt, links auf den Funkmast zu. Hinter der Linkskurve scharf rechts in den Pfad (Wegweisung: Warburg Altstädter Marktplatz), der als [X2] ausgewiesen ist. Der **X2** führt über die Diemel hinweg durch die ehemalige **Stadtmauer** bis zum Marktplatz. Hier verlassen Wandernde den [X2] und gehen links quer über den Platz und rechts in **Josef-Kohlschein-Straße.** Nach ca. 45 m nutzen Wandernde links die Treppen zur **Altstädter Marienkirche** und auf Höhe des Turms führen links weitere Treppen auf den **Kreuzweg** aus dem 19. Jahrhundert. Diesem wird an einer kleinen Kreuzung geradeaus auf den unauffälligen Waldpfad und dann in Serpentinen bergauf bis zur **Erasmuskapelle** gefolgt. Nun betreten Wandernde das Areal der alten Burg von **Warburg** ③. Es geht links an der Mauer am Rand des Friedhofs entlang, am **Chattenturm** vorbei und etwa 60 m dahinter (Grünabfallsammlung) rechts durch den breiten Mittelgang geradeaus bis zum **Sackturm.** Hier rechts in **Sackstraße**, direkt wieder links in **Rotthof** und die zweite rechts in **Sternstraße**, die direkt am **Museum im »Stern«** ④ vorbeiführt. Vom Museum aus der Straße über 850 m lang geradeaus folgen, bis kurz vor einer Tankstelle links Treppen in eine kleine Grünanlage führen, die durchquert wird. Auf der anderen Seite der Straße nach links folgen über eine Straßenüberführung und an der Kreuzung hinter **Am Tannenwäldchen** links den Fußpfad bergauf nehmen. Dann links der Straße folgen, die auf die Unterführung zu und zum Bahnhof führt.

Burgruine auf dem Desenberg ①

Mitten in der Warburger Börde ragt ein 345 m hoher Vulkankegel aus der Landschaft heraus, der Desenberg. Die fruchtbaren Lössböden in seinem Umfeld haben schon seit der mittleren Altsteinzeit (300.000–40.000 v. Chr.) Menschen angezogen.

Auf der Basaltkuppe wurde im 11. Jahrhundert eine mächtige Burganlage errichtet, die nach zahlreichen Besitzerwechseln seit 1256 in der Hand der Familie zum Spiegel ist. Bis zu ihrer Aufgabe im 16. Jahrhundert hat sie etliche Belagerungen durchgemacht, mal erfolgreich – mal weniger. Sie gehört zu den militärisch und politisch am heftigsten umkämpften Burgen des Hochmittelalters in Westfalen-Lippe. Immer wieder war die Familie Spiegel gezwungen sich auf die Seite der einen oder anderen zu stellen. Hier, nahe der hessischen Grenze, trafen viele Interessen aufeinander. Dazu gehörten der Bischof von Paderborn, die Landgrafen von Hessen oder die nahe gelegene Stadt Warburg. Aber es mischten auch weniger offensichtliche Parteien mit, wie der Erzbischof von Köln, das Bistum Mainz ② und die Äbte von Corvey.

Auf der Burg zeugen Brandhorizonte sowie Funde von Armbrustbolzen, Pfeilspitzen und einer steinernen Schleuderkugel von den gewaltsamen Auseinandersetzungen, die erst Ende des 15. Jahrhunderts endeten.

Wandernde erklimmen den Desenberg von Norden in einer Spirale. Hangaufwärts ist der Außenwall der Hauptburg zu sehen, der ursprünglich mit einer Palisade versehen war und so ein effektives Annäherungshindernis bildete. Den Platz der an der Westseite gelegenen Vorburg, die von einer Umfassungsmauer umgeben war, erkennen Wandernde an dem flachen Gelände, auf dem heute eine Doppelliege zur Aussicht einlädt. Hier stand auf Schuttschichten des 12./13. Jahrhunderts spätestens seit dem beginnenden 14. Jahrhundert ein großes steinernes Wirtschaftsgebäude mit eckigem Turm. Nach einem Brand im 15. Jahrhundert wurde es durch drei Fachwerkbauten ersetzt. Ofenkacheln zeigen, dass es beheizte Räume gab. Offenbar war hier das Dienstpersonal untergebracht. Durch ein Tor ging es weiter zur Hauptburg, die wie damals von Osten betreten wird.

Der markanteste und zugleich älteste Baubestand der Burganlage ist der Turm aus dem 12./13. Jahrhundert, auf dem sich heute eine Aussichtsplattform befindet. Der ursprüngliche Zugang war nur über eine Leiter erreichbar. An die Ringmauer angelehnt befanden sich einst drei mehrgeschossige Steingebäude, von denen noch Fundamentreste und ein tonnengewölbter Keller erhalten sind. Der notwendige, in den Schriftquellen erwähnte Brunnen konnte archäologisch nicht lokalisiert werden. Derzeit laufen Untersuchungen, um einen Tunnel wiederzuentdecken, der während einer Belagerung im 12. Jahrhundert von Bergbauspezialisten aus dem Harz angelegt wurde. Dadurch konnte der Brunnen verstopft und die Burg eingenommen werden.

Holsterburg ②

Ein für die Reste einer alten Turmhügelburg gehaltener Hügel auf einem Feld entpuppte sich bei Ausgrabungen als Sensation. Anstatt des Grundrisses eines typischen Wohnturms kam eine mächtige Burganlage mit achteckigem Grundriss zutage. Diese ist einzigartig in Westfalen-Lippe und eine Seltenheit in Europa.

Sie wurde um 1170 von den Herren von Holthusen, genannt Berkule, in einem äußerst attraktiven Siedlungsraum mit fruchtbaren Böden errichtet, nach dem mehrere Machthabende ihre Fühler ausstreckten. Ihre frühen Besitzverhältnisse sind nicht vollständig geklärt: Möglicherweise war sie Lehen der Mainzer Erzbischöfe und wurde dann zwischen 1180 und 1191 anteilig an den Erzbischof von Köln verkauft. Für weitere Spannungen sorgten der Bischof von Paderborn, dem die Burg Wartberg ③ gehörte, sowie die in der Entstehung befindliche und immer selbstbewusster werdende Doppelstadt Warburg. Als Abschluss einer blutigen Fehde gegen ein Bündnis von Warburg mit anderen Städten – und wohl auch mit Rückendeckung des Bischofs von Paderborn – wurde die Holsterburg samt der nördlich gelegenen Siedlung Holthusen im Jahr 1294 eingenommen, geplündert und zerstört. Hierbei wurden die Mauern der Befestigung, der Innenbebauung sowie des Bergfrieds bis auf den heute erhaltenen Rest abgetragen und der Erdhü-

gel aufgeworfen. Der Turm wurde restlos entfernt, sodass nur noch die kreisrunde Ausbruchgrube übrigblieb, die mit Schutt aufgefüllt wurde.

Die besondere und seltene Bauform des Oktogons wird als Statussymbol gedeutet. Reichtum und Macht spiegeln sich zudem in der Qualität des Baumaterials, der ausgeführten Arbeiten sowie der archäologischen Fundstücke (s. Fundfoto). Für die Außenfassade des zweischaligen Mauerwerks wurden akkurat zugehauene, große Steinblöcke verwendet. Auch die Eckquader waren absolut passgenau gearbeitet. Hier wurde geklotzt und nicht gekleckert, denn selbst der verwendete Mörtel war mit seinem hohen Kalkgehalt von sehr guter Qualität. Sogar die Innenverfüllung der Mauer bestand aus einem Verbund von Bruchsteinen mit hochwertigem Kalkmörtel.

Die Bebauung im Inneren setzte sich aus dem Bergfried im Zentrum, einem Brunnen und drei mehrgeschossigen Gebäuden zusammen. Die beiden den Innenhof im Norden flankierenden Häuser waren mit 40 bzw. 50 m² Grundfläche deutlich kleiner als der dritte, 170 m² umfassende Bau. In Letzterem befand sich vermutlich der Wirtschaftstrakt mit verschiedenen Räumen im Erdgeschoss und darüber ein repräsentativer Saal, der wohl mittels einer in die Ringmauer integrierten Warmluftheizung gewärmt wurde.

Von der über 100 Jahre währenden Nutzung zeugen einige Reparaturen im Mauerwerk, wie ausgebesserte Risse. Ausdruck zahlreicher Konflikte ist eine Beschädigung, die wahrscheinlich auf den Beschuss mit einer katapultartigen Belagerungswaffe (Blide) zurückgeht. Auch sie wurde sorgfältig repariert und – wen wundert es – mit qualitätvollem Kalkmörtel verputzt. Die kleinen quadratischen Löcher stammen übrigens von den Baugerüsten der Errichtungsphase. Von der Zerstörung erzählen zahlreiche Brandspuren, darin Funde von Pfeilspitzen und Armbrustbolzen sowie fünf Blidenkugeln.

Warburg ③

Die spätestens um 1000 entstandene »Burg Wartberch« war im 11. Jahrhundert zunächst Sitz des Grafen Dodiko, der darin in wilder Ehe mit einer ehemaligen Stiftsdame und seinem unehelichen Sohn lebte. Nachdem der als Erbe bestimmte Sohn früh bei einem Reitunfall ums Leben kam, gelangte die Befestigung nach Dodikos Tod im Jahr 1020 an das Bistum Paderborn. Lange bildete sie den wichtigsten Rückhalt der Bischöfe an der Grenze nach Hessen.

Dank der Lebensbeschreibungen zweier Geistlicher aus dem 11. Jahrhundert ist bekannt, dass es auf oder im Umfeld der Burg eine »capella«, ein »geniceum« und ein »solarium« gab. Neben der Andreaskapelle bestand hier aber weder eine Schule für Genies, noch haben sich die Bischöfe auf der Burg ihre Urlaubsbräune zugelegt. Gemeint waren ein Haus für Frauen (eigentliche Schreibweise: gynaeceum) – genauer ein Arbeitshaus für unfreie Frauen einer Tuchmacherei – und ein großer Saal. Bei letzterem handelte es sich um einen repräsentativen Raum, wie er auf vielen Burgen im Obergeschoss des Hauptgebäudes vorzufinden war.

Die Kapelle war Ausgrabungen zufolge um 1100 durch eine 47,5 m lange Basilika mit Krypta ersetzt worden. Zeitnah wurden ein Bergfried und eine Ringmauer um das Burgareal errichtet. Vom Chattenturm aus, an dem die Wandertour direkt vorbeiführt, ist die Mauer noch gut sichtbar. Im Osten entstand eine Siedlung, die Ende des 12. Jahrhunderts zur Stadt erhoben wurde. Nördlich des Burgbergs gründete der Paderborner Bischof im 13. Jahrhundert die Neustadt. Nach anfänglicher Konkurrenz traten die beiden Städte ab 1309 immer häufiger gemeinsam für ihre Interessen ein – auch gegen die Burg und den Bischof. Dies mündete in ihrem Zusammenschluss 1436. Mit dem um 1300 entstandenen Sacktor wurde den Burgleuten ihr direkter Zugang abgeschnitten bzw. unter Kontrolle der Stadt gestellt. Der kurz darauf gebaute Sackturm verstärkte diesen Zustand. Die Burg verlor daraufhin ihre Bedeutung, die sie nur jeweils kurzfristig im 15. und im 17. Jahrhundert wiedererlangte. Die Gebäude verfielen und aus der Kirche wurde – unter Beibehaltung der Krypta – die barocke Erasmuskapelle. Die Hansestadt Warburg dagegen blühte auf und war bis zum Ausbruch des Dreißigjährigen Krieges (1618–48) eine reiche Handelsstadt. Von den mit dem Krieg einhergehenden Verheerungen konnte sie sich allerdings nicht wieder erholen. Im 19. Jahrhundert wurden die Burggebäude abgerissen und der Friedhof angelegt.

Museum im »Stern« ④

In einem mittelalterlichen Adelshof, dem Haus »Stern«, ist das städtische Museum untergebracht. Neben vielen Objekten zur Warburger Stadtgeschichte birgt das Museum im Stern auch eine beachtliche vor- und frühgeschichtliche Sammlung, deren Highlight der riesige Wandstein aus einem Warburger Großsteingrab mit jungsteinzeitlichen Ritzungen u.a. von Rindern und Wagen ist. Aber auch archäologische Fundorte wie der Desenberg und der Gaulskopf werden thematisiert, sodass der Besuch eine ideale Ergänzung zu den Wandertouren 8 und 13 bildet.

Exkurs: Backgammon auf der Holsterburg

Auf der Holsterburg wurden vier aus Knochen und Buntmetall gefertigte Spielsteine gefunden. Zwei sind mit schlichten Kreisornamenten versehen, ein weiterer weist eine seltene durchbrochene Struktur auf. Alle drei waren ursprünglich aus mehreren Teilen zusammengesetzt. Der vierte Spielstein besteht aus einem Stück und ist mit einer großen Blüte und kleinen Kreisen verziert. Sie alle wurden wohl beim Wurfzabel-Spiel benutzt, das dem heutigen Backgammon ähnelt. Allerdings nicht bei demselben, denn sie stammen aus unterschiedlich zu datierenden Schichten, was zeigt, dass das Spiel über alle Nutzungsphasen hinweg beliebt war. Auch auf der Falkenburg (Wanderung 6) wurden übrigens zwei ähnliche Exemplare gefunden. Die Spielsteine sind Ausdruck gehobener adeliger Freizeitgestaltung und zeigen lebhaft, dass das Mittelalter nicht nur Arbeit und Krieg zu bieten hatte.

Ein anderer Name für Wurfzabel ist Puff. Und tatsächlich stammt daher der vulgärsprachliche Ausdruck für Bordell. Denn dieses Brettspiel war im Mittelalter nicht dem Adel vorbehalten, sondern wurde auch in Gasthäusern, in denen Prostituierte ihre Dienste anboten, viel gezockt; meist um Geld. Mann ging also zum Puff (spielen).

Literatur- und Kartentipps

- Cornelia Kneppe, Kim Wegener, Ein »Skywalk« als Glücksfall – zur Archäologie des Warburger Burgbergs. Archäologie in Westfalen-Lippe 2016, 111–115.
- Hans-Werner Peine, Cornelia Kneppe, Der Desenberg bei Warburg-Daseburg, Kreis Höxter. Frühe Burgen in Westfalen 16, hg. von der Altertumskommission für Westfalen. Münster 2014².
- Hans-Werner Peine, Kim Wegener, Die Holsterburg bei Warburg, Kreis Höxter. Frühe Burgen in Westfalen 43, hg. von der Altertumskommission für Westfalen. Münster 2020.
- Film der LWL-Archäologie für Westfalen zur Holsterburg: https://www.youtube.com/watch?v=dBmMObZoGO8

Dieser kostbare Kamm aus Elefantenelfenbein von der Holsterburg hatte eine feinzinkige (abgebrochene) und eine grobzinkige (erhaltene) Seite. Flachreliefs zeigen auf der einen Seite zwei Pfauen und auf der anderen eine Jagdszene, bei der ein Hund einen Hasen schlägt. Verloren wurde der Kamm nach offenbar langer Nutzung im 12. Jahrhundert.

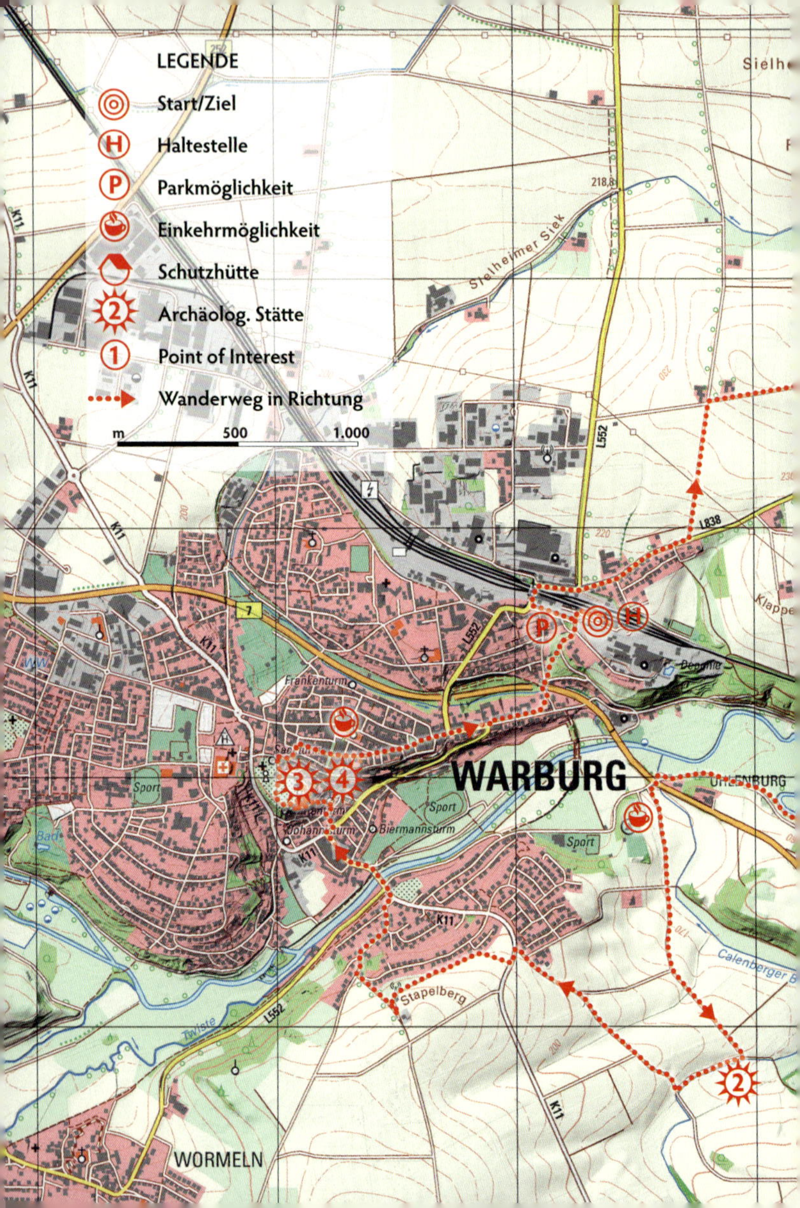
LEGENDE
Start/Ziel
Haltestelle
Parkmöglichkeit
Einkehrmöglichkeit
Schutzhütte
Archäolog. Stätte
Point of Interest
Wanderweg in Richtung
m
500
1.000
WARBURG
WORMELN
Sielheimer Siek
Frankenturm
Biermannsturm
Johannisturm
Stapelberg
Twiste
Calenberger B
Sport
L552
L838
K11
218,8
Klappe
Desenberg

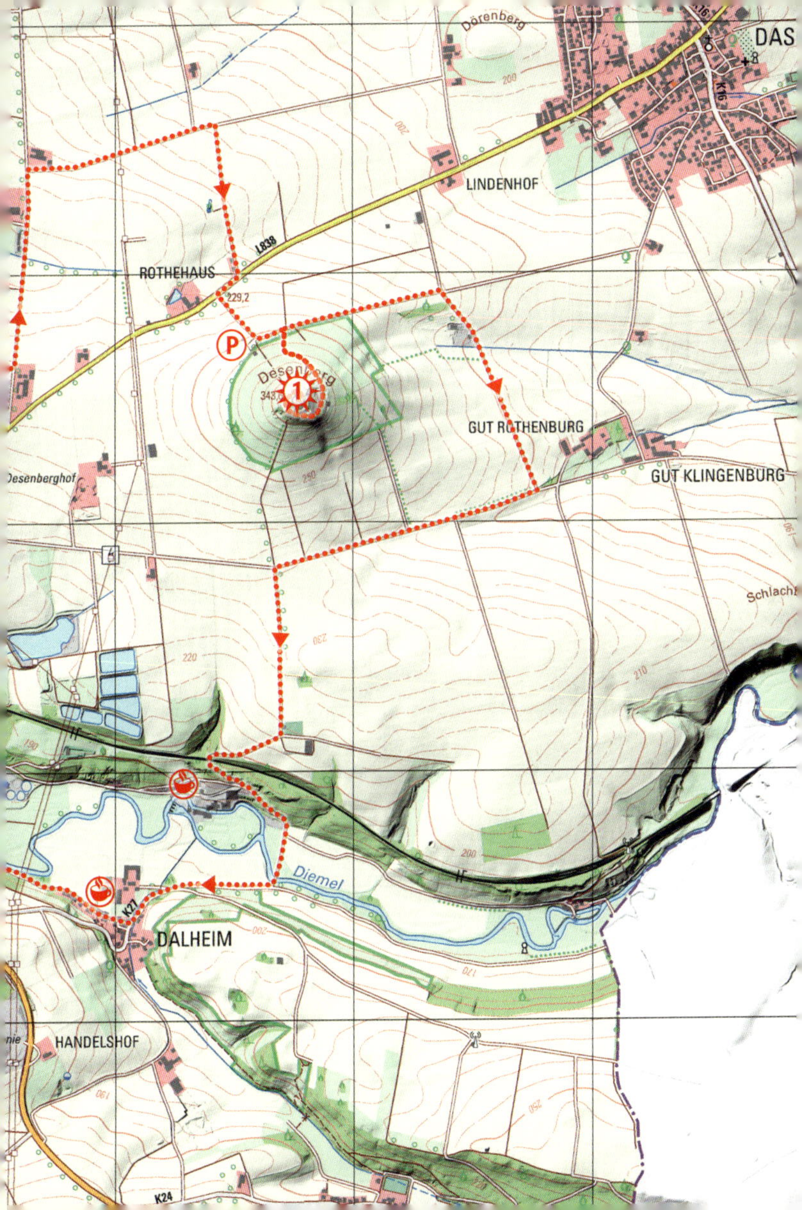

Dörenberg
DAS
K16
LINDENHOF
L838
ROTHEHAUS
229,2
Desenberg
343,6
GUT ROTHENBURG
GUT KLINGENBURG
Desenberghof
Schlacht
Diemel
K27
DALHEIM
HANDELSHOF
K24

Wanderung 9

Hinter den sieben Burgen

Die Wallburg Babilonie bei Lübbecke, Kr. Minden-Lübbecke

Diese über das Wiehengebirge führende Wandertour bietet sowohl nach Norden ins Norddeutsche Tiefland als auch nach Süden ins Ravensberger Hügelland eine wunderbare Aussicht. Sieben Befestigungsanlagen, darunter die eisenzeitliche Wallburg Babilonie, säumen den Wanderweg.

Informationen

Start/Ziel: Bahnhof Lübbecke

Weglänge: 16 km

Reine Gehzeit: 4:35 h

Steigung: ↗/↘ 372 m

Schwierigkeit: mittelschwere Wanderung mit Steigungen, nicht kinderwagengeeignet

Einkehrmöglichkeiten: verschiedene in Lübbecke, Hotel Restaurant Kahle Wart (www.hotelkahlewart.de/)

ÖPNV: Bahnhof Lübbecke

Parkplätze: »Am Bahnhof«

Markierte Wanderwege: [E 11], [Wittekindsweg]

Wegbeschreibung

Vom Bahnhof aus geht es geradeaus über die Kreuzung in die **Kleistraße** und dann rechts in die **Wittekindstraße**. Hinter dem Krankenhaus biegen Wandernde links in den **Obermehner Weg** und die nächste (am Findling »Gut Obernfelde«) erneut links ein. Dort geht es in den hinteren der beiden nach rechts führenden Wege (links vom Bach) am **Gut Obernfelde** ① vorbei. An der Gabelung dem Weg geradeaus folgen, der Bach wechselt nun die Seite. Kurz darauf führt die Wanderung nach rechts (**Hohlwege** ③) und sofort wieder rechts am Feldrand entlang. An der T-Kreuzung wenden Wandernde sich nach links. Dem **Herzog-Wittekind-Weg** wird bis in den Ort Obermehnen gefolgt. Dort geht es kurz links in den **Kahle-Wart-Weg** und die nächste wieder nach rechts. Wandernde gelangen links über den Burgweg zur **Wallburg Babilonie** ②. An der Gabelung in der Burg geht es geradeaus bis zur T-Kreuzung vor dem inneren Wall. Hier nach rechts wenden und dann links halten und bis zur Spitze der Anlage gehen, an der das Denkmal für den Heimatforscher Friedrich Langewiesche steht. Der Sporn wird nach rechts am Wall entlang umrundet und der Weg führt den Hang hinab. An der Kreuzung links durch den Außenwall die Anlage verlassen und in einer weiten Kurve bergab, an einer Gabelung vorbei, den Berg umrunden. Schließlich biegen Wandernde nach rechts auf den [Hz] ab (**Hohlwege** ③) und folgen diesem in einer Linkskurve auf einen Pfad nach rechts. Ab der nächsten T-Kreuzung führt der [E 11]/ die Tour weiter über das Gelände der Freilichtbühne Kahle Wart hinweg (vor Straßenüberquerung **Hohlwege** ③!) und über eine Fußgängerbrücke über die **B239**. Direkt vor der Brücke befindet sich ein heute versiegeltes **Stollenmundloch**, das von mittelalterlichem Eisenerzbergbau in der Region zeugt. An einer Gabelung hinter einigen Steinbrüchen biegt der [E 11]/ nach rechts ab, während Wandernde sich geradeaus Richtung Burg Reineberg halten. Im Bereich dieser Gabelung befinden sich vier **Sperrwerke** ④. An der nächsten Gabelung links halten und nach wenigen Metern führt ein kleiner Pfad links nach oben auf die **Burg Reineberg** ⑤. An einer T-Kreuzung geht es links zur Erkundung der Burganlage. Danach geht es rechts weiter Richtung Lübbecke. An der Kreuzung mit einem breiteren Weg weiter geradeaus. An der nächsten Kreuzung wenden Wandernde sich kurz nach rechts, um gleich darauf nach links abzubiegen. An der kommenden Kreuzung geht es erneut nach rechts und sofort wieder links. Kurz vor Erreichen der ersten Häuser treffen zwei tiefe **Hohlwege** ③ auf den Weg, der zur **Osterstraße** wird. An der Kreuzung geradeaus weiter bergab und dann rechts in **Haberland** einbiegen. Die **Berliner Straße** an der Verkehrsinsel überqueren und geradeaus auf den Fußweg. Unten angekommen geht es links in **Feuerrenne**, rechts in **Kapitelstraße**, wieder rechts in **Pfarrstraße** und links in **Kapitelstraße**. Wandernde wenden sich nun nach links in **Am Markt** und nach rechts die Treppen hinunter und gehen quer über den Marktplatz. Vor dem Alten Rathaus biegen sie nach links ab an der **Danzelstätte** vorbei und dann rechts in **Hinter der Mauer**. Die nächste Möglichkeit links und direkt wieder rechts in die **Bahnhofstraße**. Diese führt Wandernde nach links abknickend am Hospiz vorbei zurück zum Bahnhof.

Gut Obernfelde ①

Hinter dem großen Krankenhauskomplex queren Wandernde das Gelände von Gut Obernfelde. Die heutige privat bewirtschaftete Hofanlage geht auf ein Rittergut des 16. Jahrhunderts zurück. Zu dem Herrenhaus mit zentralem Wirtschaftsgebäude – beides aus dem späten 18. Jahrhundert – gesellen sich noch die Gutsmühle, das imposante Ministerhaus von 1824 und eine Orangerie. Der ehemalige Park wird inzwischen als Grünland genutzt.

Wallburg Babilonie ②

Der Name der Wallburg Babilonie taucht erst 1723 in den Schriftquellen auf und hat einen weniger spektakulären Hintergrund als oft gedacht. Er bedeutet vermutlich schlicht »Bergwald«.

Beeindruckend ist da schon eher das Alter der Anlage. Funde zeigen, dass der Burgberg in der frühen vorrömischen Eisenzeit ab etwa 650 v. Chr., also noch vor Errichtung der ersten Befestigung, besiedelt wurde. Im 4. Jahrhundert v. Chr. hatten sich offenbar die Umstände geändert. Von einer im Norden befindlichen Quelle bis zur Kuppe mit dem Langewiesche-Denkmal im Süden umschloss nun eine Palisadenwand, die innen von einem Erdwall stabilisiert wurde, ein Areal von 9,6 ha. Die Palisade brannte ab und wurde auf dem Wall neu errichtet. Oberflächenfunde zeigen, dass die Babilonie etwa bis in die Zeit um 50 v. Chr. genutzt wurde. Vermutlich diente sie der umliegenden Bevölkerung mitsamt den Nutztieren in Notzeiten als Fluchtburg.

Weitere Funde in Form von Keramikscherben stammen dann erst wieder aus dem frühen Mittelalter. In dieser Zeit wurde offenbar die vorgefundene, ältere Befestigungslinie erhöht und durch zwei zusätzlich vorgelagerte Wälle mit davor liegenden Spitzgräben verstärkt. Die Haupteinfallsrichtung im Norden, von wo auch die Wandertour die Anlage erreicht, erhielt drei Sperrriegel, von denen die beiden oberen entlang des Burgwegs wahrnehmbar sind. Ausgrabungen von 1905 erbrachten für den mittleren Wall Hinweise auf eine wandartige, mit Erde gefüllte Holzkastenkonstruktion. Diese Bauweise ist von weiteren frühmittelalterlichen Wallburgen in Westfalen bekannt.

Vermutlich ebenfalls im frühen Mittelalter wurde auf dem höchstgelegenen Teil der Kuppe ganz im Süden eine Kernburg vom restlichen Areal abgetrennt. Für die Teilung wurde ein Querwall mit davor befindlichem Graben aufgeworfen. Weiter innen befand sich noch eine parallel verlaufende Mörtelmauer. Ein Zangentor mit nach innen gezogenen Torwangen bildete den Zugang zur Innenburg. Die zeitliche Abfolge der frühmittelalterlichen Bauphasen muss offen bleiben. Insgesamt spricht alles für eine nun dauerhafte Nutzung der »Kern-Babilonie« auch zu militärischen und repräsentativen Zwecken zwischen dem 8. und 11. Jahrhundert.

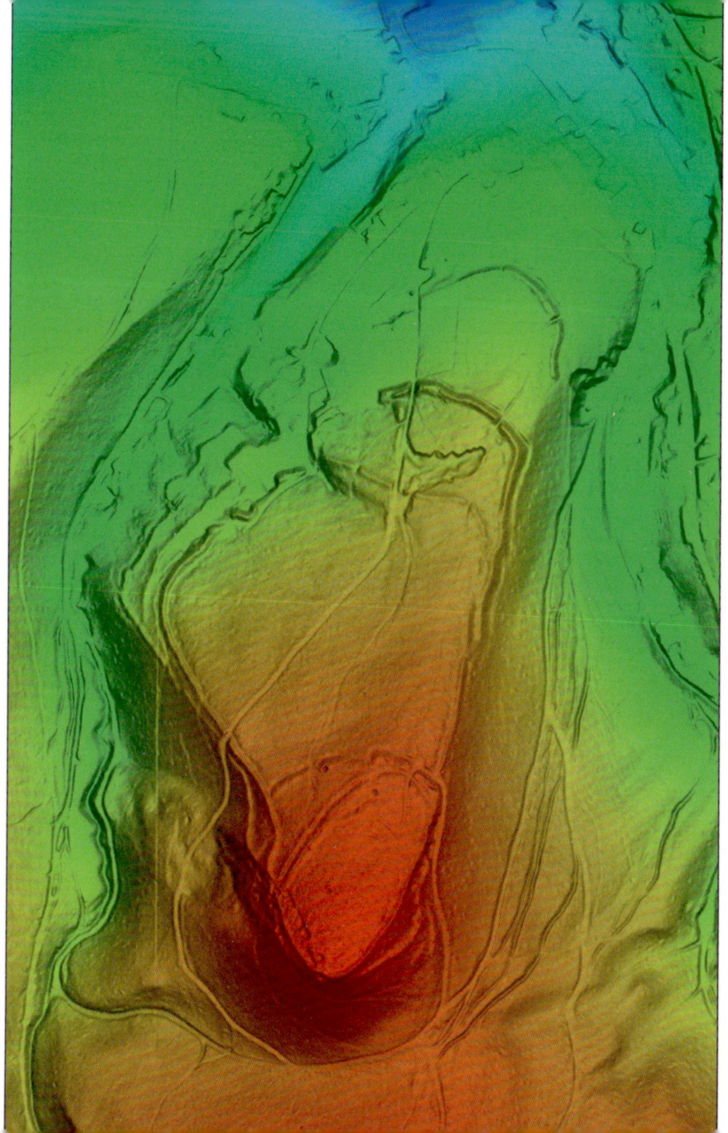

Hohlwege ③

An insgesamt vier Stellen treffen Wandernde auf dieser Tour auf tief in den Boden eingegrabene Hohlwege, die zum Teil stark überwachsen und schlecht sichtbar sind, sich stellenweise aber auch deutlich erkennbar zeigen. Die Spuren können zeitlich nur schwer eingeordnet werden, gehören aber vermutlich in die frühe Neuzeit und sind von eher lokaler Bedeutung.

Sie zeigen eindrucksvoll, wie sich unbefestigte Wegtrassen im Laufe der Zeit tief in den Boden eingraben können. Wo die Wagenräder Druck ausübten, bildeten sich Rillen. Gleichzeitig lockerte das vor den Wagen gespannte Vieh den Untergrund in der Mitte. Bei ansteigenden Wegen floss bei Regen das lockere Material ab. So bildete sich ein Hohlweg. War dieser nicht mehr bequem befahrbar und ließ das Gelände es zu, suchte der Verkehr sich eine neue Spur. So entstanden im Laufe der Zeit ganze Hohlwegbündel.

Sperrwerke ④

Kurz vor der Burg Reineberg ⑤ befinden sich östlich im Wald fast in einer Linie vier kleine Befestigungen.

Eine rechteckige, ca. 30 × 20 m große Anlage mit umgebendem Graben befindet sich links des Weges und drei weitere auf der rechten Seite. Die erste der drei ist von einem fast quadratischen Graben umfasst und 24 × 20 m groß. In etwa 80 m Entfernung – dazwischen befindet sich noch eine Kuhle, aus der vermutlich Stein als Baumaterial gewonnen wurde – liegt eine quadratische Befestigung von 40 m Außenlänge mit zwei Gräben und einem Wall. Und 135 m nach Nordosten treffen Interessierte noch auf eine trapezförmige Anlage von 65 × 52/67 m Größe. Diese ist nicht nur größer als die anderen, sondern auch durch doppelte Wälle mit Gräben besser gesichert. Aufgrund des Bewuchses sind die Sperrwerke schwer zugänglich. Sie liegen wie ein Riegel direkt unterhalb der Burg Reineberg, sodass ein Zusammenhang naheliegend ist. Möglicherweise handelt es sich um kleine Burgmannshöfe, die die Burganlage schützen sollten, oder um Belagerungsschanzen, um sie zu erobern. Im Umfeld der Sperrwerke und der Burg wurden einige eiserne Spitzen von Armbrustbolzen aus dem späten Mittelalter oder der frühen Neuzeit gefunden.

Auf dem westlich benachbarten Berg, dem Meesenkopf, befindet sich in 300 m Luftlinie eine weitere Befestigungs- oder Belagerungsanlage.

Burg Reineberg ⑤

Zwischen 1213 und 1230 ließ der Mindener Bischof Konrad von Rüdenberg auf dem Reineberg eine Burg als Stützpunkt errichten. Sie wird 1221 urkundlich erstmals erwähnt. Bis 1363 war sie gemeinsamer Besitz der Bischöfe von Minden (2/3) und Osnabrück (1/3). 1266 setzte eine wechselvolle Geschichte ein, die von wiederholten Verpfändungen und Aus-

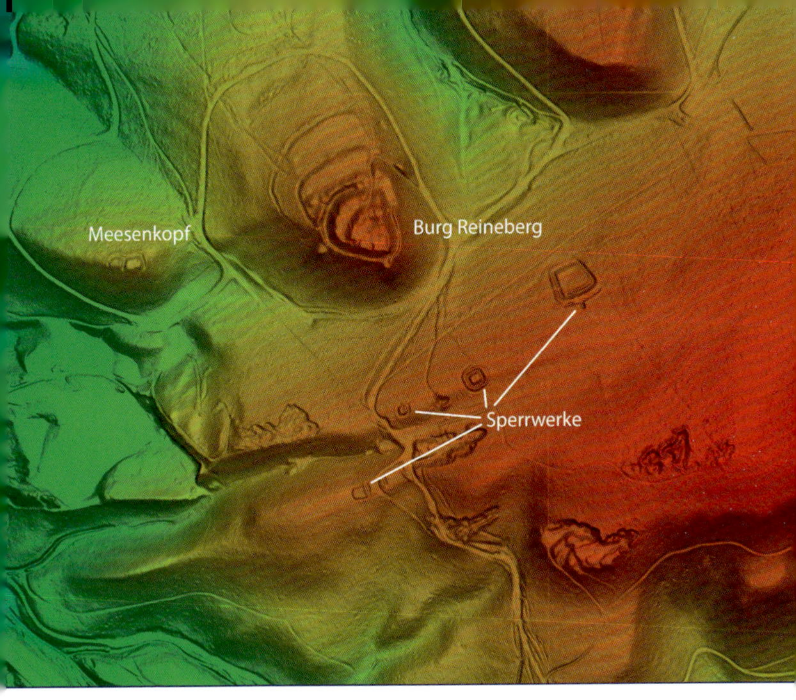

lösungen der Burg geprägt ist. Während des Dreißigjährigen Krieges (1618–48) wurde sie mehrfach geplündert und ging dann mit dem gesamten Hochstift Minden an Brandenburg. Nach einer erneuten Eroberung im französisch-niederländischen Krieg 1673 ließen die Preußen die Burg 1723 abbrechen. Ihre Steine wurden anderweitig verbaut.

Bisher fanden keine archäologischen Untersuchungen auf dem Berg statt. Da aus Schriftquellen bekannt ist, dass die Mindener Bischöfe sich hier aufhielten und mehrere Burgmannen hier wohnten, müssen verschiedene Wohn- und Wirtschaftsgebäude bestanden haben. Ein oder zwei Türme gehörten dazu, wie aus einer schriftlichen Nachricht hervorgeht.

Die annähernd dreieckige Burg liegt auf dem Sporn des Reinebergs. Sie ist mit einem tiefen Graben und einem kleinen Außenwall befestigt und umfasst eine Fläche von ca. 4400 m². Nach dem Oberflächenbefund wurde in der Südspitze noch einmal ein etwas erhöhter, etwa 2000 m² großer Bereich abgetrennt. Nach Norden deuten zwei im Abstand von 50 m zueinander halbkreisförmig verlaufende Gräben Vorburgbereiche an.

Exkurs: Der Schatz des Widukind

Eine Sage erzählt: Sachsenherzog Widukind wurde auf der Babilonie geboren. Später, während der Sachsenkriege, verschanzte sich Widukind mit Familie und Heer auf der Burg. Die Franken belagerten sie und waren trotz der massiven Befestigung im Vorteil. Als sie die Vorburg eingenommen hatten und auch die Hauptburg zu fallen drohte, bat Widukind seine Frau Geva alles Wertvolle – darunter auch eine silberne Wiege, in der er einst als Neugeborener gelegen hatte – in einem unterirdischen Keller zu verstecken. Eine der Töchter Widukinds konnte sich vom Anblick der Schätze nicht trennen und blieb daher noch kurz zurück, als die anderen bereits durch einen unterirdischen Gang flohen. Da stürzte der Gang ein und es gab kein Entrinnen mehr. Noch heute weilt Widukinds Tochter dort im Berg. Immer wenn am Johannistag der Vollmond erscheint, steigt sie zur Mitternacht herauf, setzt sich auf die eingesunkenen Burgwälle und klagt bitterlich.

Eines Tages weidete ein Schäfer seine Herde auf dem Berg. Er fand drei wunderschöne Blumen, die er pflückte. Als er sich zur Ruhe gelegt hatte, sah die Jungfrau den Mann mit den Blumen, weckte ihn und führte ihn in den Raum mit Widukinds Reichtümern. Er könne sich alles nehmen, was er begehre, nur dürfe er das beste von allem nicht vergessen. Er nahm sich so viel wie er tragen konnte. Das Beste – die Blumen, die ihn hergeführt hatten – ließ er allerdings liegen. So war er zwar reich, fand die Höhle aber nie wieder – so sehr er auch suchte.

Einer weiteren Sage zufolge sitzt Widukind selbst unter dem Berg und harrt seiner Zeit.

Literatur- und Kartentipps

- Daniel Bérenger, Die Wallburg Babilonie, Stadt Lübbecke, Kreis Minden-Lübbecke. Frühe Burgen in Westfalen 12, hg. von der Altertumskommission für Westfalen. Münster 1997.
- Daniel Bérenger, Lübbecke-Blasheim, Kr. Minden-Lübbecke – Wallburg Babilonie. In: Heinz-Günter Horn (Hrsg.), Theiss Archäologieführer Westfalen-Lippe. Stuttgart 2008, 132–133.

In dieser steinernen Gussform von der Babilonie wurden im 8.–6. Jh. v. Chr. auf der einen Seite ein rädchenförmiger Anhänger und auf der anderen Seite gleichzeitig mehrere Gewandnadeln gegossen.

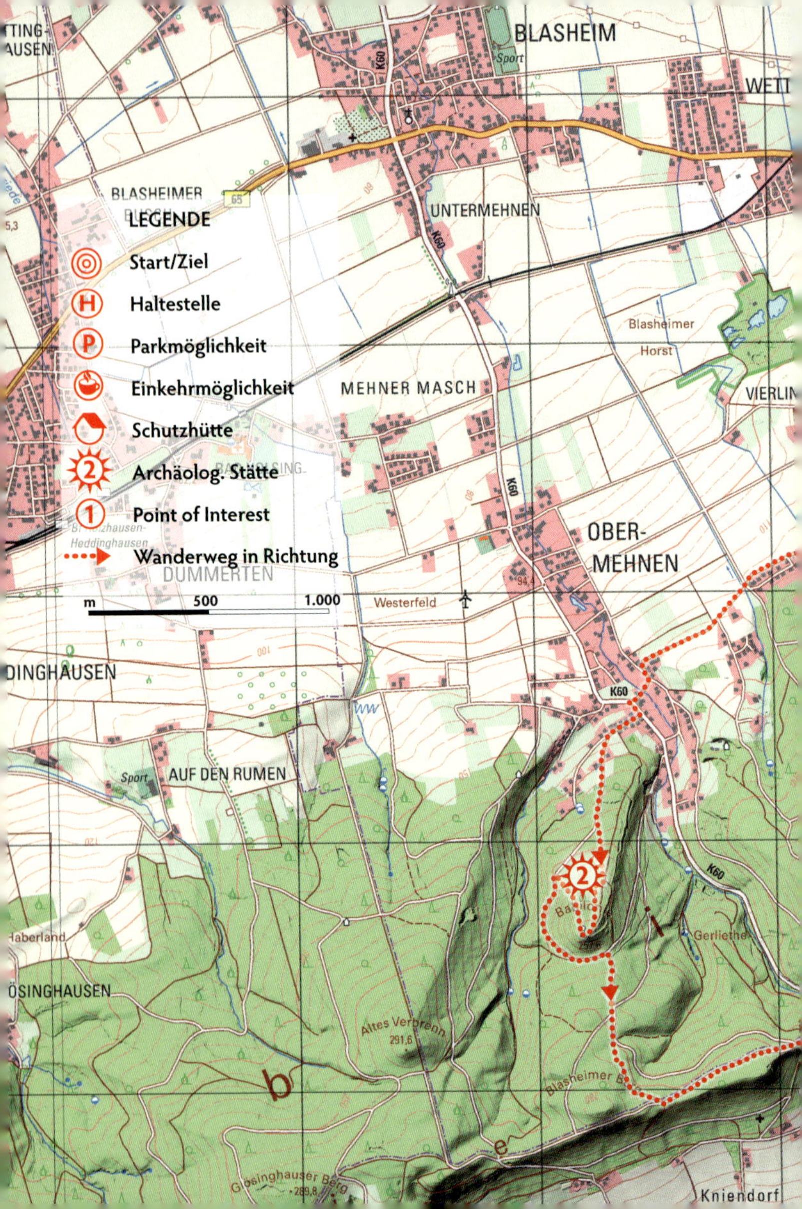
LEGENDE
Start/Ziel
Haltestelle
Parkmöglichkeit
Einkehrmöglichkeit
Schutzhütte
Archäolog. Stätte
Point of Interest
Wanderweg in Richtung
m
500
1.000
BLASHEIM
Sport
WETT
BLASHEIMER
UNTERMEHNEN
K60
Blasheimer
Horst
MEHNER MASCH
VIERLIN
OBER-
MEHNEN
DUMMERTEN
Westerfeld
DINGHAUSEN
AUF DEN RUMEN
Sport
Haberland
ÖSINGHAUSEN
Gerliethe
Altes Verbrenn
291,6
Blasheimer B
Gösinghauser Berg
289,8
Kniendorf
b
e

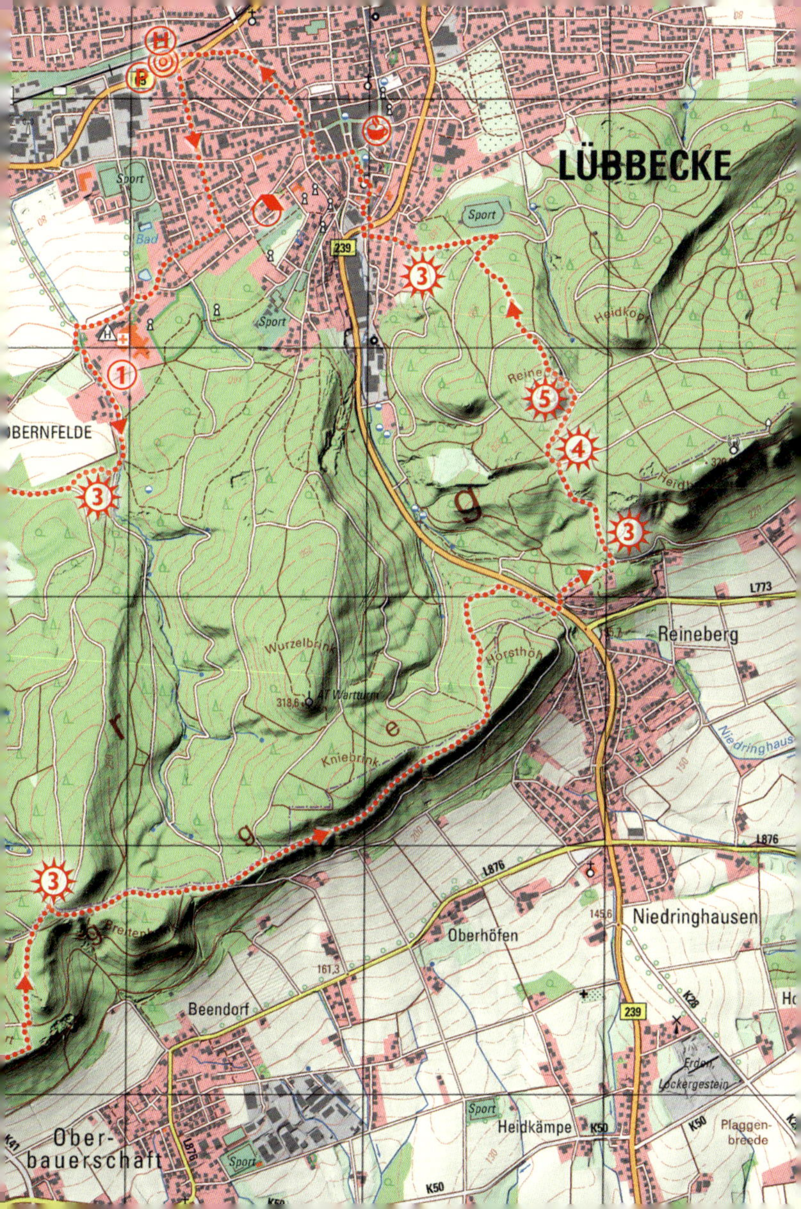

LÜBBECKE
Sport
Bad
Sport
Sport
OBERNFELDE
Heidkopf
Reine
Wurzelbrink
Hörsthöh
AT Wartturm
318,6
Kniebrink
Reineberg
L773
Niedringhausen
L876
Oberhöfen
Niedringhausen
Beendorf
161,3
145,6
239
K28
Erdon, Lockergestein
Sport
Heidkämpe
K50
Plaggen-
breede
Ober-
bauerschaft
Sport
K50

Wanderung 10

Ein Hopfenkasten voll Hopfen auf dem »castrum Vlotowe«

Die Burg Vlotho in Vlotho, Kr. Herford

Von den ehemals vier Befestigungsanlagen Vlothos können auf dieser Wanderung die zwei schönsten besichtigt werden. Die waldreiche Tour bietet gleich zu Beginn eine beeindruckende Aussicht über das Wesertal.

Informationen

Start/Ziel: Bahnhof Vlotho

Weglänge: 9,8 km

Reine Gehzeit: 3 h

Steigung: ↗/↘ 352 m

Schwierigkeit: mittelschwere Wanderung mit einer sehr steilen Steigung am Anfang sowie mehreren weiteren Steigungen, nicht kinderwagengeeignet

Einkehrmöglichkeiten: verschiedene in Vlotho, El Castillo Burg Vlotho (www.elcastillo-vlotho.de), Pizzeria Alter Förster (www.wirtshausfoerster.de)

ÖPNV: Bahnhof Vlotho

Parkplätze: Parkplatz Weserbrücke »Bismarckstraße 3«

Markierte Wanderwege: [X 3], [A 1], [A 2], [Jordansprudelweg] ♿

Wegbeschreibung

Am Bahnhof die **Weserstraße** überqueren, rechts halten und dann hinter dem letzten Haus links den Berg hoch (**Coringweg**). Oben angekommen geht es über die Metalltreppe auf das Gelände der **Burg Vlotho** ①. Dort führt die Wanderung vor der Gaststätte rechts durch das Tor und ein Stück über den Parkplatz, bevor es rechts bergab auf dem **[X3]** weitergeht. Dem **[X3]** bergab folgen. Kurz vor der Stelle, an der an schönen Tagen der Blick auf das Denkmal an der Porta Westfalica frei ist, befinden sich rechts vom Weg alte **Hohlwege** ②. Auf dem Weg bergab wenden Wandernde sich hinter dem ersten Haus (Nr. 4) nach links auf den **Grasweg** **[X3]**. Auch an der Kreuzung folgen sie dem **[X3]** nach links. An

der nächsten Gabelung geht es nicht auf der Straße weiter, sondern nach rechts auf einem Pfad am Wald entlang [X3] und schließlich bergauf. Der Wanderweg führt durch einen **Hohlweg**. An der nächsten Gabelung weiter links bergauf, an der T-Kreuzung mit der Bank rechts bergauf und über die Kreuzung geradeaus hinweg weiter dem [X3] am **Steinbruch ③** entlang folgen. Dahinter an der Kreuzung geradeaus den mittleren Weg nehmen ([X3]). Der [X3] begleitet Wandernde noch durch eine Siedlung, über eine Wiese und die Straße **In der Wölpke** hinweg bis zu einer T-Kreuzung. Hier geht es links in **An der Beeke**. Streckenweise hat sich auch der ♿ dazugesellt, der sich an einer Gabelung teilt. Wandernde folgen dem linken Abzweig bergauf. An der Kreuzung führt die Tour nach rechts auf den Asphaltweg. Kurz vor der Kuppe links auf den bergauf führenden Waldweg abbiegen. An der Gabelung den rechten Weg nehmen und an der T-Kreuzung nach links wenden. Am Waldkindergarten nach rechts in den Wald wenden und dem [A1] und [A2], später nur noch dem [A1], durch den Wald bis zum Seniorenstift an der **Ernst-Albrecht-Straße 1a** folgen. Links auf die Straße einbiegen, am **Herbergsweg** vorbei und dann rechts durch ein verfallenes, offenes Gittertor rechts auf einen Spielplatz zu wandern. In der hinteren rechten Ecke vom Spielplatz den Weg am Zaun entlang nehmen und am Wasserhochspeicher vorbei. Rechts im Wald liegt die **Schwedenschanze ④**. Von hier geht es immer geradeaus über den Hauptweg durch den Wald, links um einen verfallenen Zaun herum. Die Tour verläuft immer geradeaus am Hang entlang, erst an der dritten Gabelung verläuft sie bergab nach rechts und an der T-Kreuzung links. An einem Elektrizitäts-Verteilerhaus geht es rechts, an einem Denkmal für die Gefallenen des 1. Weltkriegs vorbei, die Treppen hinunter und rechts auf den **Burgweg**. Nach den Serpentinen unten nach links wenden in die **Lange Straße**, die zurück zum Bahnhof führt.

Burg Vlotho ①

Etwa 100 m über der Weser thronend, schützte die Burg Vlotho die am Fuße des Berges gelegene Stadt mit ihrem Weserhafen. Errichtet wurde sie um 1250 von Heinrich von Oldenburg, dem Rechtsnachfolger der Edelherren von Vlotho. Sie ersetzte die im Tal gelegene Burg Schune, die Heinrich 1258 einem Zisterzienserinnenkonvent überließ. Burg Vlotho diente lange Zeit und unter verschiedenen Besitzern als Amtssitz. Sogar im Dreißigjährigen Krieg (1618–48) spielte sie noch eine Rolle und verfiel dann allmählich bzw. diente als Steinbruch, bis sie weitgehend abgetragen war. Von der hochmittelalterlichen Burg sind dadurch nur noch die Fundamente erhalten. Eine Ringmauer mit vorgelagertem Graben umgab die Befestigung. Eine Vorburg wird unter dem heutigen Parkplatz vermutet. Geophysikalische Untersuchungen (Wanderung 13, Exkurs) könnten hierüber bald Aufschluss geben. Möglicherweise war aber auch das große Burgareal innerhalb des Mauerrings ursprünglich in eine Kern- und eine Vorburg geteilt.

Ihr heutiges Aussehen verdankt die Burg Vlotho v. a. Umbaumaßnahmen Ende des 19. Jahrhunderts und Rekonstruktionen der 1930er-Jahre, die auf umfangreiche Ausgrabungen folgten. 1884 entstand auf dem Gelände eine Gastwirtschaft, 1898 ein Musikpavillon und 1903 ein Aussichtsturm. Die mit Beginn des 2. Weltkriegs beendeten Grabungen im Westteil führten zu einer dem Zeitgeist entsprechenden Umgestaltung zu einer Ruine und zum Abbruch des Bismarckturmes.

In der Westecke befand sich der ursprüngliche Zugang in Form eines Kammertores. Bei solchen Toren werden Pas-

sierende durch eine Kammer mit Vorder- und Hintertür geleitet, was die Kontrolle und Verteidigung erleichterte. Es wurde später zugemauert und durch ein neues im Bereich des heutigen Durchgangs im Norden ersetzt. Links daneben wurde noch im 13. Jahrhundert der sichtbare Turm errichtet. Rechts davon befindet sich ein wieder aufgemauertes Gebäude mit spätgotischem (14./15. Jh.) Gewölbekeller und großem Saal, das als früherer Palas (Wohn- und Repräsentationsbau) interpretiert wird und – in den 2000er-Jahren überdacht – heute für Veranstaltungen genutzt wird. Ein an der Südmauer befindlicher, mehr als 63 m tiefer Brunnen versorgte die Burg mit Wasser. Die Funde der Ausgrabungen sind alle verschollen, daher kann auch die These einer karolingischen Vorgängerburg nicht bestätigt werden. Nur einige steinerne Schleuderkugeln sind auf dem Gelände ausgestellt. Die senkrecht auf die Mauerenden aufgebrachten Steine stammen aus der Mitte des 20. Jahrhunderts und sollen das Sitzen auf den Mauern verhindern.

Aktuell ist eine inhaltliche Aufbereitung der Burggeschichte für Besucher*innen geplant.

Hohlwege ② a und b

Der erste Hohlweg wird am Ende des Abstiegs von der Burg Vlotho auf der linken Seite sichtbar **(a)**. Er wirkt im Gelände eher wie ein Wall, was daran liegt, dass er einen Kamm quert und sich etwa 70 m lang an diesem entlangzieht.

Kurz bevor die ersten Häuser der Siedlung auftauchen, dort wo sich ein wunderbarer Blick auf das Wilhelmsdenkmal an der Porta Westfalica ergibt, liegen rechts weitere Hohlwege **(b)**. Die Datierung dieser Wege fällt schwer, da es hierfür kaum Anhaltspunkte gibt. In der Preußischen Uraufnahme des 19. Jahrhunderts ist eine lokale Wegverbindung eingezeichnet. Vermutlich handelt es sich um ehemalige Zuwegungen zwischen kleineren Siedlungen. Es kann aber auch an eine hochwassersichere Alternative

zum Weg entlang der Weser gedacht werden, die bei Bedarf genutzt wurde.

Steinbruch ③

Auf dem Kamm des Steinberges nördlich der Burg Vlotho befinden sich zahlreiche Abbauspuren für den hier anstehenden Sandstein. Möglicherweise stammen die Steine für den Bau der Burg von hier. Erst zukünftige naturwissenschaftliche Untersuchungen können diesbezüglich Licht ins Dunkel bringen.

Schwedenschanze ④

Die hufeisenförmige Wallanlage der sogenannten Schwedenschanze ist auf dem Plateau des Schanzenberges mit dem offenen Ende direkt an einen Steilhang gebaut worden. Sie besteht aus zwei bis zu 3 m tiefen Gräben mit einem dazwischen gelegenen ca. 100 m langen Wall. Gemeinsam umschließen sie zwei Plateaus. Das kleinere nimmt von der ca. 450 m² messenden Gesamtfläche in der Nordwestecke 9 × 13 m ein. Hier könnte ein Gebäude oder ein Geschütz gestanden haben.

Im Norden schließt sich eine weitere, annähernd dreieckige Anlage an. Ihr südlicher Graben schneidet in den nördlichen Außengraben der Hufeisenanlage ein und ist damit jünger.

Zeitstellung und Funktion der beiden Anlagen konnten bisher nicht ermittelt werden. Die im Volksmund häufig für Befestigungen unbekannten Ursprungs verwendete Bezeichnung »Schwedenschanze« ist dabei irreführend. Ein Zusammenhang mit der Burg Vlotho als Belagerungs- oder Verteidigungsstandort im Mittelalter oder in der frühen Neuzeit liegt nahe.

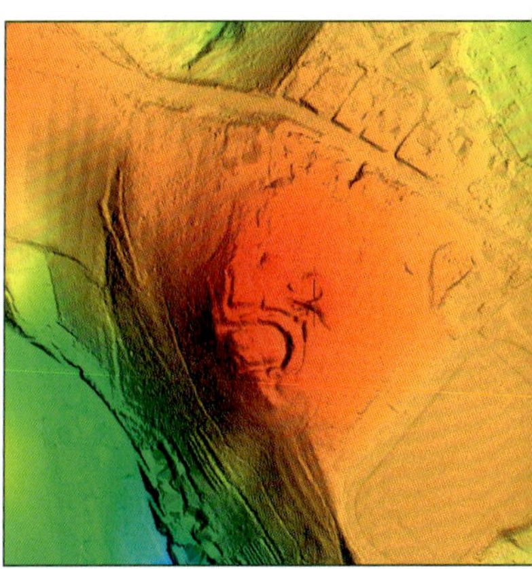

Exkurs: Schriftquellen – ein Blick hinter die Kulissen

Eine quasi »lakengenaue« Auflistung des Inventars der Burg Vlotho aus dem Jahr 1541 offenbart, was der Archäologie aufgrund der Erhaltungsbedingungen oft verborgen bleibt. Lassen sich Reste von Lebensmitteln als Ausgeschiedenes in Kloaken oder als verbrannte Reste sogar noch recht häufig nachweisen und bestimmen, sind hölzerne Gegenstände eine Seltenheit bei Ausgrabungen, und Textilien sowie ähnlich sensible organische Dinge eine absolute Ausnahme. In der Liste taucht viel hölzernes Geschirr auf, das weit häufiger verwendet wurde, als das meist keramische oder metallene archäologische Fundgut suggeriert. Daneben werden auch Möbel wie Schränke, Truhen, Wannen und zwei verschiedene Arten von Betten gelistet: Spannbetten, bei denen die Matratze auf gespannten Leinen aufliegt, und Rollbetten, die auf Rollen montiert und dadurch beweglich waren. Die Bettwäsche umfasste neben den Decken auch Laken sowie Kissen und deren Bezüge. Auf den meisten Betten lagen laut Inventar Federbetten, manchmal auch Decken aus Tuch. In einigen Räumen wie dem großen Saal standen Tische und mit Kissen gepolsterte Sitzbänke. Neben Leuchtern, Öllampen, Utensilien zum Kochen und Jagen wurden auch Waffen und ihr Zubehör, Fesseln und eine Daumenschraube, gesalzenes Fleisch als Lebensmittel und der Bestand an lebenden Tieren festgehalten. Demnach gab es im Jahr 1541 93 Schweine, von denen 13 trächtig waren, 15 Schlachtrinder, 12 Milchkühe und einen Ochsen. Neben Backhaus und Molkenkeller rundet ein gut ausgestatteter Bierkeller das Bild ab. Hier wurden sieben Fässer voller Bier und neun leere Fässer, vier Bierkrüge, zwei Holzkannen, ein Biertrichter und sieben Bierhähne inventarisiert. Die zugehörige Braupfanne scheint sich im Backhaus befunden zu haben und über dem alten Saal wurde ein »Hoppenkasten vull hoppen« (Hopfen) gelagert.

Literatur- und Kartentipps

- Ingo Pfeffer, Archäologische Fundstellen aus dem Kreis Herford im Digitalen Geländemodell. Archäologie in Ostwestfalen 14, 2019, S. 112–118.
- Rolf Plöger, Burg Vlotho an der Weser, Kreis Herford. Frühe Burgen in Westfalen 35, hg. von der Altertumskommission für Westfalen. Münster 2013.
- Elke Treude/Daniel Bérenger, Ostwestfalen-Lippe. Ausflugsziele zwischen Detmold, Bielefeld und Porta-Westfalica. Ausflüge zu Archäologie, Geschichte und Kultur 50. Stuttgart 2009, S. 224–227.

Diese 60 cm lange und nur 2 cm schmale Schwertklinge aus Bronze (Kopie) gehörte zu einer Stichwaffe der Nordischen Jüngeren Bronzezeit (ca. 950–720 v. Chr.). An der runden Heftplatte sind noch die Löcher für zwei Niete erkennbar, die den Griff befestigten.

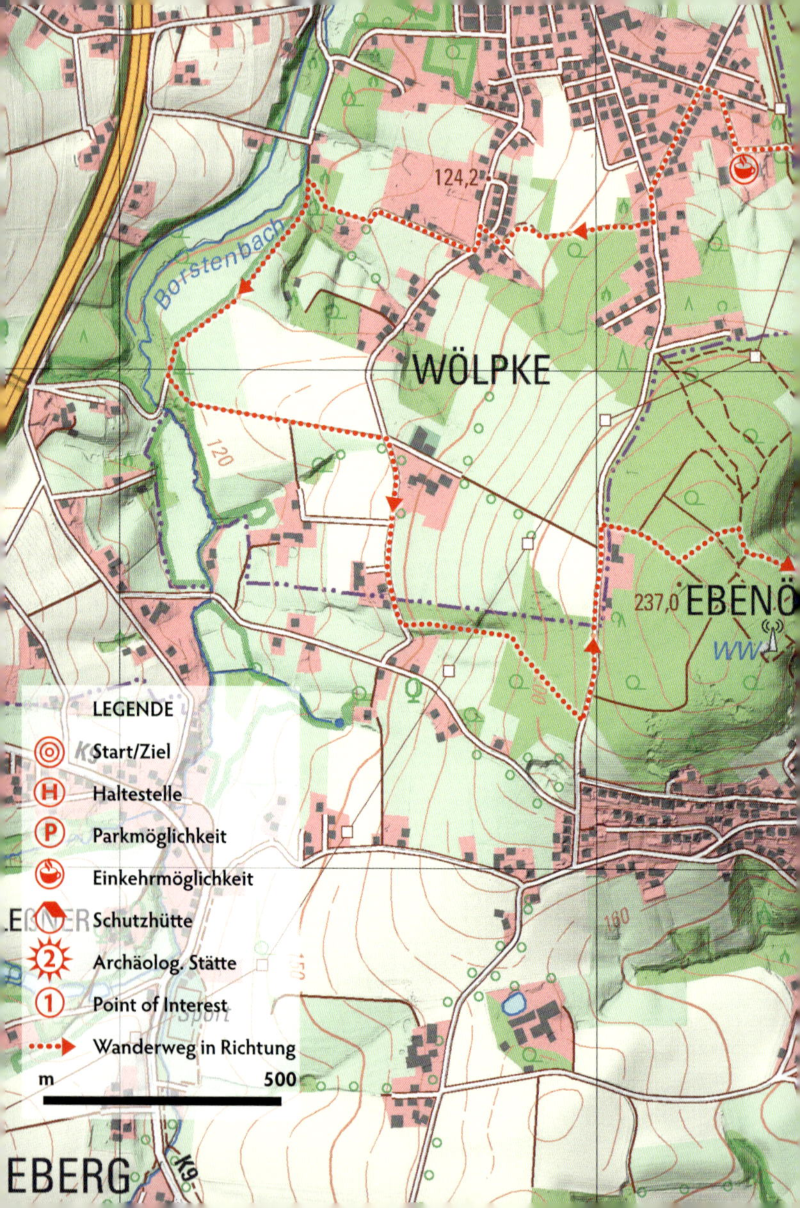

WÖLPKE
EBENÖ
EBERG
Borstenbach
124,2
237,0
120
160
K9
LEGENDE
Start/Ziel
Haltestelle
Parkmöglichkeit
Einkehrmöglichkeit
Schutzhütte
Archäolog. Stätte
Point of Interest
Wanderweg in Richtung
m
500

Silberblick
3
berg
Kiesteich
L778
150
2b
2a
110
4
Sport
1
H
53,9
L778
P
P
VL
150
L778

Wanderung 11

Ein Bestattungsplatz auf 39 m² und ein Pferdestall in der Kirche

Die Großsteingräber von Lichtenau-Atteln, Kr. Paderborn

Vom Altenautal führt diese Rundtour am teilrekonstruierten, jungsteinzeitlichen Galeriegrab von Atteln vorbei über den Sintfeld-Höhenweg bis in das idyllische Piepenbachtal. Hier liegt Kloster Dalheim, das ein selten so vollständig erhaltenes klösterliches Ensemble aus Kirchen-, Wohn- und Wirtschaftsgebäuden vorweist.

Informationen

Start/Ziel: Bushaltestelle „Atteln, Wendeplatz"

Weglänge: 14,3 km

Reine Gehzeit: 3:45 h

Steigung: ↗ 157 m/↘ 184 m

Schwierigkeit: mittelschwere Wanderung mit einer steilen Steigung, bedingt kinderwagengeeignet (schmaler Graspfad auf dem Kamm S)

Einkehrmöglichkeiten: Klosterwirtshaus Dalheim (www.klosterwirtshaus-in-dalheim.de), Gasthaus am Königsweg (www.das-gasthaus-am-koenigsweg.de), Birkenhof Atteln (www.birkenhof-atteln.de)

ÖPNV: Bushaltestelle »Atteln, Wendeplatz« (R 71 Paderborn Hbf—Atteln/Dörenhagen)

Parkplätze: Nahe der Altenauhalle, »Dr.-Schmücker-Str.« 22

Markierte Wanderwege: [A 5], [A 7], [Sintfeld-Höhenweg] S

Tipp: Alle, die sich hinterher abkühlen möchten, können Badezeug einpacken und im Naturbad Altenautal eintauchen (www.naturbad-altenautal.de).

Wegbeschreibung

Vom Bus-Wendeplatz in Atteln wenden Wandernde sich nach links in die **Heierstraße** Richtung Ortsmitte. In der abknickenden Vorfahrt an der Kirche geht es geradeaus weiter auf den Fuß- und Radweg und – dem [**A** 7] folgend – immer weiter geradeaus über die Kreuzung, an der Gabelung und zwischen den beiden letzten Häusern durch in den Wald. Hinter der Brücke über die Altenau rechts halten. Hier befinden sich die Parkplätze an der Altenauhalle. Hinter dem Gelände vom Naturbad Altenautal rechts am Zaun entlang dem Weg um mehrere Kurven und zwei Brücken folgen, bis das Wohngebiet erreicht wird. An der Sitzgruppe links in **Unterm Tigge** und wieder links der größeren Straße **Im Sauertal** folgen. Auf der linken Straßenseite befand sich früher das **Großsteingrab Atteln II ① a**. Wandernde biegen rechts in **Im Mersch** [Radwegweisung: Husen] ab und folgen dem Weg bis zum Solarpark. Dahinter geht es nach links und sofort wieder rechts in den Wald. Der Pfad führt geradeaus direkt am **Großsteingrab Atteln I ① b** vorbei. Dem gemulchten Pfad folgen und an dessen Ende am Waldrand rechts abbiegen. Ab hier können Wandernde über den Asphaltweg nach links und über die große Straße hinweg dem Ⓢ folgen. Dieser begleitet Wandernde nach links steil hoch auf den Kamm, an einer Abbiegung rechts und an einer vermeintlichen T-Kreuzung geradeaus über einen Grasweg an Zaunpfählen entlang über ein Feld und wieder ins Tal bis fast vor die Tore des Klosters Dalheim. Hinter der Unterführung verlassen Wandernde den Ⓢ an einer T-Kreuzung und biegen nach rechts ab. Hinter der Kurve mit dem Spielplatz liegt in der Straße **Am Kloster** schon der Eingangsbereich des **Klostermuseums Dalheim ②**. Nach der Besichtigung geht es geradeaus über den **Helmerner Weg** am Parkplatz vorbei durch die Unterführung und immer weiter geradeaus bis zu einer Kreuzung mit einer Bank, einem Wegkreuz und einem Wegweiser. Hier geht es nach rechts weiter. An der Gabelung kurz hinter einem Bildstock treffen Wandernde auf einen bewachsenen Erdhügel, den **Kükenbühl ③**. Wandernde gehen geradeaus/halblinks weiter und folgen an der nächsten Gabelung (Bank mit Holzschild »Atteln«) dem Weg nach links [**A** 5]. Der Weg führt lange Zeit geradeaus über den **Ferselweg** an einer großen Hofanlage vorbei [**A** 5] bis zu einem größeren Bildstock, vor dem eine Bank und eine Infotafel stehen. Hier biegen Wandernde nach rechts ab, queren den Bach und wenden sich an der Kreuzung direkt nach links. Der Weg führt auf die **Heierstraße** und diese zurück zur Bushaltestelle.

Großsteingräber Atteln I ① b und II ① a

Von den beiden Großsteingräbern ist nur noch eines obertägig erhalten und seit 1980 teilweise rekonstruiert. Beide lagen in etwa 500 m Entfernung zueinander und wurden 1926 und 1978 ausgegraben.

Das nicht mehr erhaltene Grab Atteln II ① (**a**) war 29 m lang und bis zu 3,5 m breit, das noch sichtbare Atteln I ① (**b**) war mit 21 m Länge und 2,7 m Breite deutlich kleiner.

Bei beiden Grabbauten handelt es sich um sogenannte Galeriegräber, in denen jeweils über einen Zeitraum von fast 700 Jahren immer wieder Verstorbene beigesetzt wurden (= Kollektivgräber). Für beide Gräber in Atteln wird von bis zu 400 bestatteten Personen ausgegangen. Die Grabkammern sind in den Erdboden eingetieft und große Platten aus Kalkstein bildeten die Wände. Gewonnen wurde der Stein in ca. 3,5 km Entfernung. Lücken zwischen den Wandsteinen wurden mit kleineren Sandsteinen in Trockenbauweise zugesetzt. Platten der Kammerdecken waren nur noch einzelne in Atteln I erhalten. Der einzige relevante Unterschied zwischen den Anlagen bestand in der Gestaltung des Eingangs. Bei Atteln II bildete wie in Rimbeck (Wanderung 13 ②) ein Gang bzw. Vorraum in der Mitte der Längsseite den Zugang. Bei Atteln I dagegen wurde die Kammer von der Schmalseite aus betreten. Sie war mit einer Trockenmauer verschlossen, die bei jeder Neubestattung weggeräumt wurde.

Die Rekonstruktion zeigt: Ursprünglich waren solche Megalithbauten von einem

Hügel bedeckt, sodass die großen Steine (ihr Gewicht konnte 1 t locker überschreiten), deren Transport, Bearbeitung und Aufstellung einen riesigen Aufwand erfordert hatte, für Vorbeigehende gar nicht sichtbar waren.

Die Gräber haben große Ähnlichkeit mit demjenigen in Rimbeck und gehören zum Kulturkreis der sogenannten Wartbergkultur (3500–2800 v. Chr.). Dies lesen Archäolog*innen an der Grabarchitektur und den Funden ab. Schon die geringe Zahl an Funden ist typisch. Dazu gehörten Keramikscherben, Feuersteingeräte und Schmuck in Form von gelochten Tierzähnen. Artefakte, die älteren Zeiten zuzuordnen sind, zeigen, dass bereits in der Jungsteinzeit Antiquitäten gesammelt wurden. Zudem verweisen einige regionaluntypische Formen auf Handelsbeziehungen in andere, zum Teil weit entfernte Gegenden.

Vom Kamm des Sintfeld-Höhenweges aus ist noch einmal die graue Halle mit den blauen Fenstern zu sehen, hinter der das Grab Atteln I liegt. Von hier erschließt sich gut seine Lage im Talbereich nahe der Altenau.

Kloster Dalheim ②

Eindrucksvoll präsentieren sich die gut erhaltenen Reste des Augustinerchorherren-Klosters von Dalheim. Es wurde 1429 im Bereich eines Wirtschaftshofs des 12 km entfernten Kloster Böddeken quasi als Außenstelle gegründet. Ab 1455 entstand hier ein spätgotischer Gebäudekomplex, von dem noch große Teile erhalten sind. Heute beschaulich und abgeschieden wirkend, war Dalheim um 1500 wirtschaftliches und geistliches Zentrum des südlichen Paderborner Landes. 24 Chorherren und 100 Laienbrüder lebten hier. Seine größte Blüte erreichte es in barocker Zeit (18. Jh.). Viele weitere prachtvolle Gebäude sowie die weitläufigen Gartenanlagen entstanden in dieser Zeit. Mit der Säkularisation wurde das Kloster 1803 aufgelöst. Dalheim blieb bis in die 1970er-Jahre ein landwirtschaftlicher Betrieb, in dem Kirche und Kreuzgang als Stallungen dienten.

Nach Betreten des Geländes fallen Besuchenden zunächst auf der linken Seite Reste von zwei Gewölbekellern in der Wiese auf. Hier stand das Pförtnerhaus mit Empfangs- und Warteraum für Gäste sowie Wohnraum für den Pförtner. In den Kellern waren Pferde untergebracht, die für Botendienste gebraucht wurden.

Nachdem ein Hochwasser eine barocke Kapellenruine wegspülte, brachten Ausgrabungen Erstaunliches zutage: Darunter kam der Grundriss einer steinernen Kirche aus dem 9. Jahrhundert zum Vorschein. Die Fundamente sind auf dem linken (östlichen) Areal zu sehen. Es handelt sich um die ehemalige Pfarrkirche des vor Ankunft der Mönche wüst gefallenen Ortes Dalheim. Teile des Klosters überlagern die möglicherweise sehr alte Ansiedlung. Gefäßscherben aus dem 5. und 8. Jahr-

hundert deuten auf eine wiederholte oder sogar kontinuierliche Nutzung des vom Piepenbach durchzogenen Tals.

Das Gotteshaus wurde im 12. Jahrhundert zur Klosterkirche für einen Nonnenorden ausgebaut, der sich hier bis zum Ende des 14. Jahrhunderts niederließ. In dieser Phase wurde zum Beispiel der quadratische, turmartige Anbau gegenüber der halbrunden Apsis angebaut, um eine Nonnenempore zu tragen.

Die 1429 eintreffenden Mönche nutzten die fast verfallene kleine Kirche und die umstehenden alten Gebäude notdürftig, bis ihre neuen Bauten fertiggestellt waren.

1979 erwarb der Landschaftsverband Westfalen-Lippe das Gelände und baute die Anlage zu einem Klostermuseum mit einer Stiftung als tragender Institution um. Neben den Museumsräumlichkeiten ist die fast 2 ha große Gartenanlage besonders sehenswert, die einem historischen Klostergarten nachempfunden wurde. Zahlreiche Heil-, Nutz-, Zier- und Symbolpflanzen werden hier kultiviert. Eine weithin bekannte Attraktion ist der jährliche Dalheimer Klostermarkt am letzten Augustwochenende.

Kükenbühl ③

Unter üppigem Gebüsch verborgen liegt ein großer, künstlich aufgeschütteter Erdhügel, der Kükenbühl. Der Hügelfuß hat einen Durchmesser von etwa 40 m, auf dem Plateau beträgt der Durchmesser ca. 20 m. Vermutlich handelt es sich hier um einen ehemaligen Versammlungsplatz. In der Preußischen Uraufnahme von 1836–50 ist der Hügel bereits eingezeichnet, hat aber keinen Namen, sodass er wohl als natürliche Anhöhe und Ausläufer der dahinter beginnenden Hügelkette angesehen wurde. Eine besondere Funktion der Erhebung war zu dieser Zeit nicht (mehr) bekannt. Der Platz liegt direkt an einem alten Weg von Atteln nach Meerhof bzw. Marsberg. Die Lage an alten Wegtrassen ist typisch für Versammlungsplätze des Mittelalters, denn die Orte sollten für alle Beteiligten gut erreichbar sein. Auf dem Hügel wurden unter dem Humus 1996 eine Fibel aus der späten Eisenzeit und moderne Eisenteile gefunden. Das Rätsel um den Kükenbühl bleibt somit bestehen.

Exkurs: Hexerei in Dalheim – ein Fall schlägt Wellen

Um das Jahr 1603 wurden vier Chorherren des Klosters Dalheim, darunter der Prior und sein Stellvertreter, verhaftet. Einige der Hexerei angeklagte Frauen hatten sie unter Folter denunziert, sodass ihnen die Teilnahme an zauberischen Veranstaltungen vorgeworfen wurde. Fast ein Jahr lang saßen die vier Mönche im Kerker von Schloss Neuhaus bei Paderborn, einer von ihnen starb dort. Die Frauen, die gegen die Mönche ausgesagt hatten, wurden hingerichtet. Der Fall schlug hohe Wellen: Offenbar waren sich die Beteiligten nicht einig, welches Gewicht Denunziationen bisher untadeliger Menschen – und dazu noch Geistlicher – zugesprochen werden sollte, und ob die Folter in diesem Fall zulässig sei. Die katholische Universität Würzburg wurde schließlich um Rat gefragt und sprach die drei verbliebenen Mönche frei.

Hintergrund der Ereignisse ist, dass der Paderborner Bischof Dietrich von Fürstenberg Anspruch auf das Land einiger vom Kloster genutzter, wüst gefallener Dörfer erhob. Mit juristischen Mitteln konnte der Bischof seine Forderungen jedoch nicht durchsetzen. Es erscheint nicht abwegig, hier an eine Intrige aus Geldgier und Machtansprüchen zu denken. Heute ist bekannt, dass der Misserfolg des Bischofs auch auf einige geschickt gefälschte Urkunden zurückzuführen ist, die die Chorherren sich selbst ausstellten. Wer hinterging hier also wen?

Literatur- und Kartentipps

- Hans-Otto Pollmann, Lichtenau-Atteln, Kr. Paderborn – Attel I und Atteln II. In: Heinz-Günter Horn (Hrsg.), Theiss Archäologieführer Westfalen-Lippe. Stuttgart 2008, 123–124.
- Rainer Decker, Hexen, Mönche und ein Bischof. Westfälische Zeitschrift 150, 2000, S. 235–245.
- Matthias Wemhoff, Lichtenau-Dalheim, Kr. Paderborn – Kloster Dalheim. In: Heinz-Günter Horn (Hrsg.), Theiss Archäologieführer Westfalen-Lippe. Stuttgart 2008, 124–126.
- https://www.altertumskommission.lwl.org/de/forschung/megalithik/
- www.kloster-dalheim.de

Auf dem östlich von Kloster Dalheim gelegenen Paschenberg kam unter einem entwurzelten Baum ein Münzschatz aus 2628 Kupfermünzen zutage. Die ältesten Münzen wurden 1676, die jüngsten 1718 geprägt. Sie haben alle einen Wert von sechs Pfennig und stammen überwiegend aus dem Fürstbistum Paderborn.

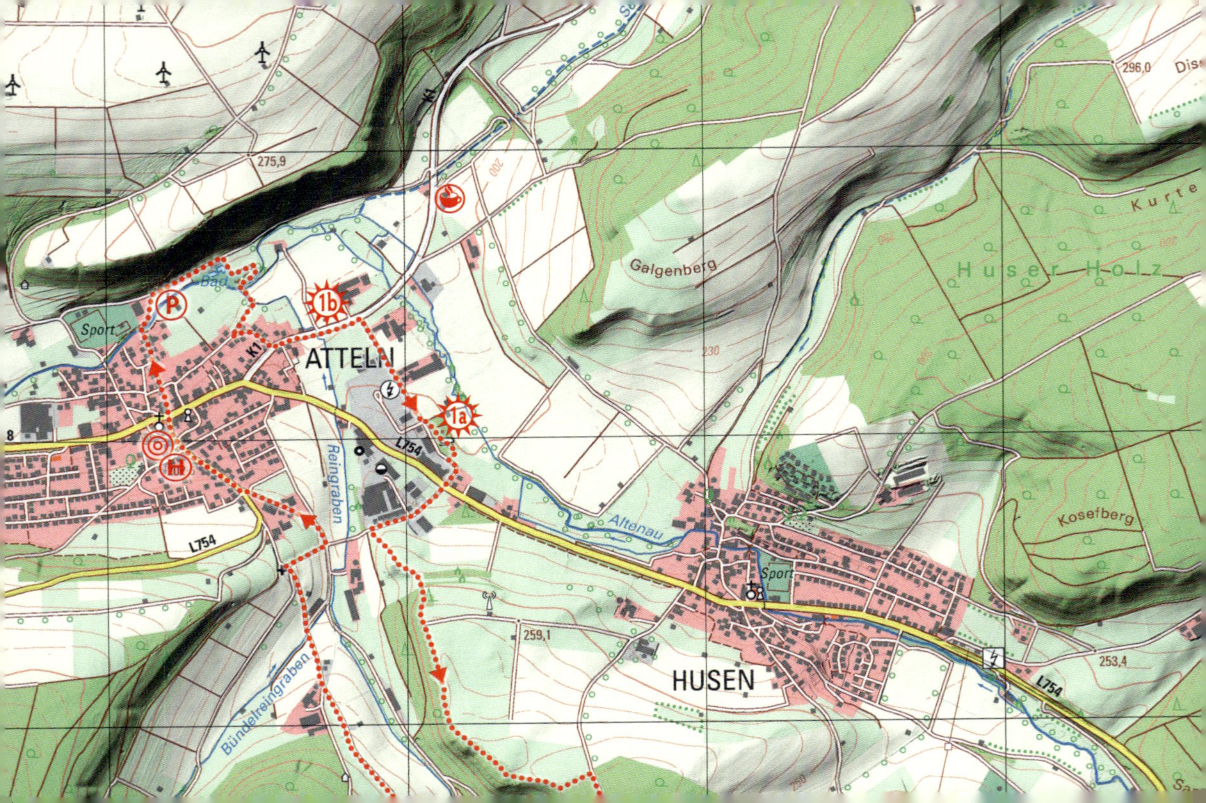

Huser Holz
Kurte
Galgenberg
Kosefberg
ATTELN
HUSEN
Altenau
Reingraben
Bündelreingraben
Bad
Sport
Sport
L754
L754
L754
K1
K1
1a
1b
P
296,0
275,9
259,1
253,4
230
200

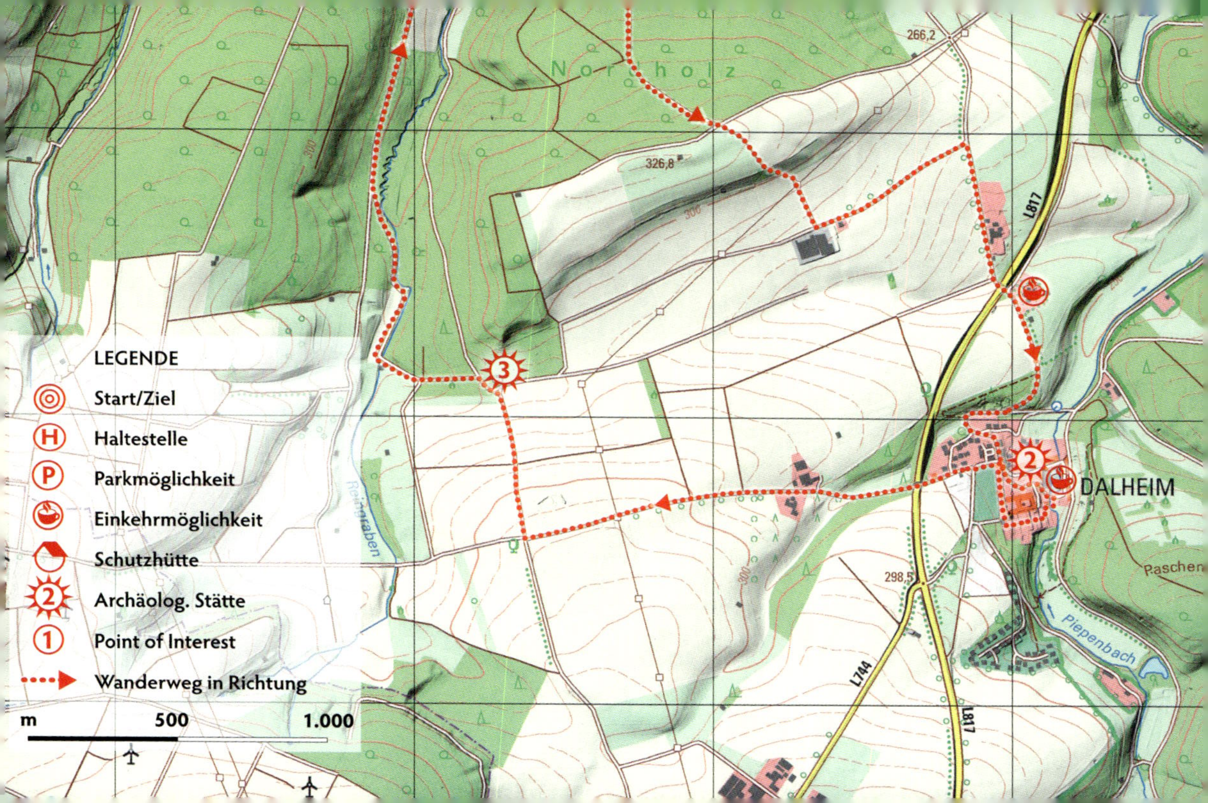

LEGENDE
Start/Ziel
Haltestelle
Parkmöglichkeit
Einkehrmöglichkeit
Schutzhütte
Archäolog. Stätte
Point of Interest
Wanderweg in Richtung
m
500
1.000
DALHEIM
Nordholz
Paschen
Piepenbach
Reingraben
L817
L744
266,2
326,8
298,5
300

Wanderung 12

Ist doch glasklar!

Der Glasofen am Dübelsnacken in Altenbeken, Kreis Paderborn

Bei dieser Wandertour werden die Relikte einer Glashütte entdeckt, von denen seit dem Mittelalter in der waldreichen Region mehrere beheimatet waren. Im Anschluss bietet die Ruine der Iburg nicht nur einen tollen Ausblick, sondern auch reiche Einblicke in das früh- und hochmittelalterliche Befestigungswesen.

Informationen

Start/Ziel: Bahnhof Altenbeken

Weglänge: 17,3 km

Reine Gehzeit: 4:55 h

Steigung: ↗/↘ 341 m

Schwierigkeit: mittelschwere Wanderung mit zwei Steigungen, bedingt kinderwagengeeignet (z. T. steile An- und Abstiege, schmale Waldpfade)

Einkehrmöglichkeiten: verschiedene in Altenbeken, Café und Restaurant auf der Iburg »Sachsenklause« (www.sachsenklause.de)

ÖPNV: Bahnhof Altenbeken

Parkplätze: P am Bahnhof Altenbeken, »Schwarzer Weg« 1; P am Driburger Grund, »Schützenweg« 22

Markierte Wanderwege: [Δ], [Bäderweg], [II], [–], [O], [A 1], [A 2], [V 4], [Z], [Viaduktwanderweg], [Sachsenring], [Pilgerweg], [X/Eggeweg]

Tipp: Handtuch einpacken, denn an der Bollerwienquelle erwartet Wandernde ein Wassertretbecken.

Wegbeschreibung

Vom Bahnhof geht es geradeaus die **Bahnhofstraße** bergab. An der **Ortwaldstraße** geradeaus (rechts erhaschen Wandernde einen Blick auf das berühmte **Viadukt**). Über die Fußgängerampel, dann der **Adenauerstraße** nach links bis zur Bushaltestelle »Seniorenzentrum« folgen ([II]). Hier links in **Schützenweg** durch den Tunnel zur Freizeitanlage »Driburger Grund«. Die Wanderwege [A1] und [II] begleiten nun die Tour an der Max-und-Moritz-Quelle mit ehemaligem **Stollenmundloch** ① und an zwei **Podien** ② vorbei durch den Driburger Grund. Wandernde bleiben von der Freizeitanlage an etwa 2,5 km auf dem Hauptweg bis zu einer Rechtsabbiegung, an der der Radweg weiter geradeaus führt. Hier geht es noch etwa 40 m weiter und dann links über einen unauffälligen Pfad in den Wald auf die Schutzhütte mit dem **Glasofen am Dübelsnacken** ③ zu. Nach der Besichtigung gehen Wandernde wieder zurück zu dieser Abbiegung, verlassen wenig später die gewohnten Wanderwege und wenden sich links bergauf. Nach ca. 100 m vor der Kurve vom Hauptweg links abbiegen und dem Pfad bis zur Kreuzung an der **Heinrich-Heine-Schutzhütte** folgen. Hier verläuft die Tour geradeaus weiter über den (Wegweisung: Bad Driburg) und an der Kreuzung erneut geradeaus. An der T-Kreuzung verlassen Wandernde den und folgen nach rechts dem . Dieser führt an der **Bollerwienquelle** mit Wassertretbecken vorbei bis kurz vor die Iburg (Wegweisung: Ruine Iburg). An der T-Kreuzung mit der Infotafel »Natürlich entspannt« verlassen Wandernde den und wenden sich nach rechts auf den und . An der Sachsenklause und dem daneben befindlichen **Aussichtsturm** rechts vorbei und am Graben der **Iburg** ④ entlang. Kurz vor der Schleife, an der ein Parkplatz liegt, biegen Wandernde rechts auf einen Waldweg ab ([A1], , der zur Schutzhütte »Schöne Aussicht« führt. Hier geht es scharf rechts auf dem [X/Eggeweg] weiter bis zu einem Wanderparkplatz mit Unterstand. Hier wenden Wandernde sich nach links und folgen dem [Δ] und [A1] bis zu einer Kreuzung. Weiter geht es rechts durch den Düstergrund (Wegweisung: Heinrich-Mertens-Platz) und [Δ], [V4], [Z] und übernehmen die Führung am **Heinrich-Mertens-Platz** vorbei. Sie verlaufen unter der **B64** entlang, geradeaus über **Reelsberg** durch ein Wohngebiet ([A2], [V4]) bis zum Wasserwerk »Hossengrund«. Die Bahnlinie wird unterquert und rechts der Hauptstraße bis zum Kreisverkehr gefolgt. Hier wenden sich Wandernde links bergauf in die **Kuhlbornstraße** und folgen dieser rechts um die Kurve, an Sportplätzen und Wiesen vorbei bis zur **Heilig-Kreuz-Kirche**. Hinter der Kirche geht es rechts die Treppen hinab (Kinderwagen: nächste Straße rechts und dann wieder rechts), an der vertrauten Fußgängerampel über die **Adenauerstraße** hinweg und geradeaus zurück zum Bahnhof.

Max und Moritz-Quelle/ ehemaliges Stollenmundloch ①

Dort, wo heute Wasser aus einer Felswand hervortritt und sich in einem Stauteich sammelt, vermuten wohl nur wenige Spuren von früherem Eisenerzbergbau. Hier wurde Brauneisenstein gewonnen und in unmittelbarer Nähe auch direkt verhüttet. Das heutige Becken der Max-und-Moritz-Quelle ist ein Relikt dieses Bergbaus. Oben auf dem Kamm befindet sich noch die trichterförmige Öffnung eines zugehörigen zugeschütteten Schachtes. Die Eisenerzgewinnung im Altenbekener Revier ist seit dem 13. Jahrhundert belegt und wurde noch bis ins 19. Jahrhundert betrieben.

Podien ②

Durch das Einarbeiten von rundlichen Flächen in den Hang wurden in hügeligem Gelände künstlich ebene Areale für handwerkliche Tätigkeiten geschaffen. Auf diesen sogenannten Podien konnten zum Beispiel Kohlenmeiler zum Gewinnen von Holzkohle oder Werkplätze mit Öfen zur Verhüttung von (Eisen-)Erz angelegt werden.

Direkt gegenüber der Max-und-Moritz-Quelle ist ein solches Podium mit ca. 8,5 m Durchmesser noch schwach ausgeprägt vorhanden **(a)**. An einem sehr viel besser erhaltenen Exemplar mit 11 m Durchmesser kommen Wandernde weiter östlich kurz vor einem kleinen Steinbruch vorbei **(b)**.

Glasofen Dübelsnacken ③

Die Glasproduktion ist im Bereich des Eggegebirges ein seit dem hohen Mittelalter und bis in die frühe Neuzeit ausgeführtes typisches Handwerk. Noch heute gibt es im Driburger Raum namhafte Glasfirmen. In den Wäldern finden sich viele Relikte alter Glashütten, die für den Schmelzvorgang, aber auch für die Beimengung von Holzasche in die Glasmasse abhängig vom Rohstoff Holz waren. Sobald der umliegende Wald »verbraucht« war, verlagerten diese oft ihren Standort.

Am unteren Hang des Dübelsnackens wurde eine mehrteilige Ofenanlage aus dem 12. Jahrhundert ausgegraben und für Interessierte sichtbar gemacht. Unter der Schutzhütte befindet sich der sogenannte Arbeitsofen. Gut erkennbar ist der Feuerungskanal, der nach Westen – also zur Hauptwindrichtung – ausgerichtet ist. Über das Glashandwerk des 12. Jahrhunderts ist dank des Mönchs Theophilus Presbyter aus dem nahen Kloster Helmarshausen vieles bekannt, was in Kombination mit den Ausgrabungsergebnissen bei der Rekonstruktion der Ofenanlage, aber auch der Produktionsvorgänge enorm hilfreich war.

Demnach war innerhalb des 2 m hohen Kuppelofens eine Zwischendecke eingezogen und er war in zwei Bereiche unterteilt. Vorne wurde die sogenannte Fritte als Vorprodukt hergestellt. Hier wurden die vermengten Rohstoffe (v. a. Quarzsand und Asche) bei ca. 750 °C unter Rühren gekocht. Die Fritte konnte dann im hinteren Bereich weiter zum Glas geschmolzen werden. Hier befanden sich in der Zwischendecke vier Löcher, um sich nach oben weitende Keramikgefäße über dem Feuer zu positionieren. Glashafen wird ein solches feuerfestes Gefäß genannt, in dem die Schmelze bei Temperaturen um die 1200 °C stattfand. Seitlich in

der Kuppel befanden sich Öffnungen, um die Häfen zu entnehmen und den Ofen neu zu bestücken. Nebenan ermöglichten sie das Rühren der Fritte.

Schmale Podeste darunter haben vermutlich die Glasbläser genutzt, um hier mit der flüssigen Masse weiterzuarbeiten. Hohlgläser wurden direkt hergestellt, frei, oder indem sie in eine Form geblasen wurden. War Flachglas gefragt, wurden vorgeblasene Glaszylinder aufgeschnitten und zum benachbarten Streckofen gebracht. Aufgrund der Schnitttechnik streckten sie sich hier unter weiterer Hitzeeinwirkung zu ca. 25 × 25 cm großen Scheiben. Dies ist der Bereich um den nach Süden weisenden Feuerungskanal. Bei den anderen Kanälen handelte es sich um Relikte von Kühlöfen, in denen das Glas unter ganz langsamer Reduzierung der Hitze zum Erkalten gebracht wurde.

Die Produktionsabfälle der Glashütte zeigen, dass überwiegend Flachglas hergestellt wurde. Es kam in den Farben Weiß(lich), Braun und Rot, vorwiegend jedoch in verschiedenen Grüntönen vor. Chemische Untersuchungen ergaben, dass hier versierte Fachleute nach vier verschiedenen Rezepten Glas hergestellt haben. Am häufigsten ist solches, dem Holzasche und Blei beigemengt waren. Die Grün- und Rotfärbung wurde durch die Zugabe von Kupfer erreicht.

Berechnungen legen nahe, dass am Dübelsnacken bei störungsfreiem Betrieb etwa 300 kg Glas im Monat produziert werden konnte. Um den damaligen Paderborner Dom komplett mit Fensterglas auszustatten, wären demnach drei Monate Arbeitszeit notwendig gewesen.

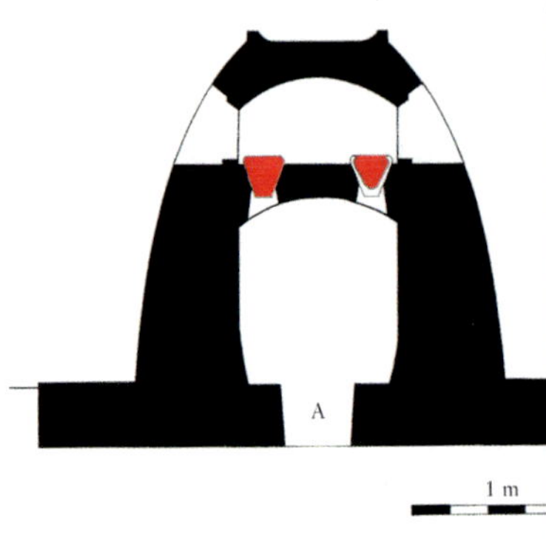

Iburg ④

Wandernde erreichen die Iburg von Nordosten und gelangen zunächst zu der seit 1925 bestehenden Gaststätte Sachsenklause mit dem dahinter befindlichen Kaiser-Karl-Turm von 1904. Dieser wiederum steht direkt neben dem bis zu 8 m tief in den Felsen geschlagenen Burggraben der im 12. Jahrhundert vom Paderborner Bischof Bernhard II. errichteten Iburg. Der Graben umfasst von der Steilkante am Aussichtsturm ausgehend in einem Bogen ein Areal von ca. 160 × 60 m und endet im Westen wieder am extrem steil abfallenden Südhang. Eine Mauer umgab den Innenraum an allen Seiten. Für den Zugang im Norden waren Graben und Mauer unterbrochen. Ein Torhaus mit einer Kammer im Inneren kontrollierte den Einlass und rechts daneben stand ein viereckiger Turm als zusätzlicher Schutz. Da die Burganlage seit der Gründung des Heilbades Bad Driburg Ende des 18. Jahrhunderts ein immer beliebteres Ausflugsziel wurde, begann die Stadt in den 1950er-Jahren die Ruine nach eigenem Ermessen neu aufzumauern. Dabei wurden ältere und jüngere Bauphasen miteinander verbunden, sodass sich dem geübten Auge heute ein verwirrendes Bild bietet. Von den Gebäuden im Inneren ist der Bergfried das markanteste. Er ist zum Kamm hin nach Westen ausgerichtet und

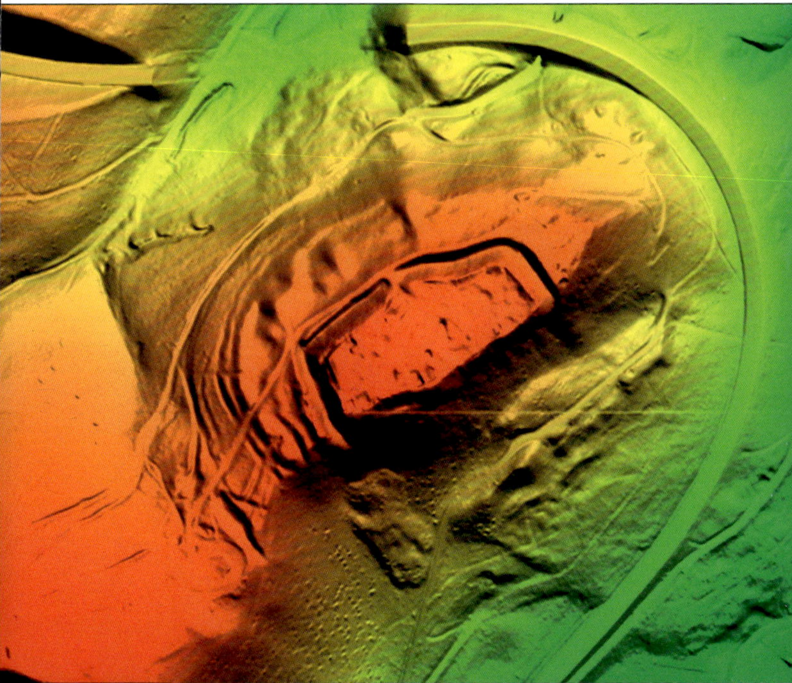

schützte mit seinem Durchmesser von 13 m und 4 m starken Mauern den Innenbereich effektiv vor Pfeilen und anderen Geschossen. Heute bildet die sauber vermörtelte innere Füllschicht des eigentlich zweischaligen Mauerwerks die Außenseite des Turms. Die ursprünglich sorgfältig behauenen Steinquader wurden irgendwann entfernt und anderswo verbaut. Der Zugang lag in luftiger Höhe und war nur über eine Leiter erreichbar.

An der Ringmauer gegenüber dem Torbau befand sich das große Hauptgebäude mit Empfangssaal, den der Bischof bei seinen Aufenthalten auf der Burg nutzte. Weiter im Osten befindet sich der Grundriss einer kleinen, dem hl. Petrus geweihten Saalkirche. Vieles spricht dafür, dass sie bereits vor der Burganlage existierte, möglicherweise sogar bereits in der Karolingerzeit. Im 10. Jahrhundert hat hier eine Einsiedlerin gewohnt, der noch weitere nachfolgten. Im 12. Jahrhundert sind für wenige Jahre einige freiwillig in Armut lebende fromme Frauen auf der Iburg belegt, die an der Kirche ihren Dienst versahen. Erst nach 1189 wurde dann die Befestigung um die bestehende Kirche herum errichtet und bestand bis in das 15. Jahrhundert.

Die Kirche war in der frühen Zeit nicht allein auf weiter Flur. Beim Verlassen des Burggeländes nach Westen werden mehrere, z. T. noch deutlich sichtbare Wälle vom Weg unterbrochen. Diese gehören zu einer Wallburg des frühen Mittelalters. Funde datieren sie grob in das 8./9. Jahrhundert, sodass sie mit einer 753 in den fränkischen Reichsannalen erwähnten »Iuburg« in Verbindung gebracht werden kann. Der Hauptwall mit Außengraben umschloss ein Areal von 4 ha und bestand

eigentlich aus einer trocken verlegten Mauer, die innen von Holzpfosten und einer Erdanschüttung gestützt wurde. Reste einer Mörtelmauer sind Relikte einer jüngeren Bauphase (10. Jh.?). Ein in beiden Bauphasen genutzter Zugang konnte 30 m südlich des modernen Weges belegt werden. Es handelte sich um ein Tor, dessen nach innen einbiegende Mauerenden eine Kammer bildeten (Kammertor). Die 2,6 m breite, gepflasterte Durchfahrt wies starke Nutzungsspuren auf.

Ca. 9 m hinter dem Hauptwall befindet sich als zusätzliches Annäherungshindernis ein weiterer Wall mit Außengraben. Diese frühe Wallburg hat nach ihrer Aufgabe zwei Schläge hinnehmen müssen, die ihre Interpretation stark erschweren: Erstens nimmt die hochmittelalterliche Burg fast den gesamten Innenraum ein und der Aushub ihres Grabens überdeckt viele Teile der früheren Mauern. Zweitens wurde die Ruine in der Mitte des 20. Jahrhunderts mit Steinen aus der Umgebung und genau aus diesen Mauern wieder aufgemauert, sodass viel Substanz verloren ging.

Die in älterer Literatur heraufbeschworene Aussage, die Iburg sei Standort des sächsischen Urheiligtums Irminsul gewesen, gehört ins Reich der Mythen und Legenden.

Exkurs: Dolinen

Auf der Wandertour fallen rechts und links des Weges immer wieder teilweise riesige trichterförmige Vertiefungen im Gelände auf. Sie kommen einzeln und in ganzen Feldern vor. Hierbei handelt es sich um sogenannte Dolinen. Sie entstehen vor allem dort, wo das Gestein wasserlöslich ist. Dies ist bei dem rund um Altenbeken vorherrschenden Kalkstein der Fall. Die Lösung des Kalks durch Regenwasser (= chemische Verwitterung) bildet zunächst viele Spalten und Klüfte im Gestein aus. Oberflächenwasser sickert dadurch noch schneller durch und trägt zu weiterer Verwitterung bei (= Karst). Bei sogenannten Lösungsdolinen wird das Gestein von der Oberfläche her aufgelöst und bildet Senken. Es gibt auch Einsturzdolinen, wo das Wasser ein lösungsfähiges Gestein im Untergrund erodiert und eine Höhle gebildet hat. Die Tragfähigkeit des Bodens lässt dadurch nach und er sackt trichterförmig ein.

Literatur- und Kartentipps

- Werner Best, Die Iburg bei Bad Driburg, Kreis Höxter, Frühe Burgen in Westfalen 26, hg. von der Altertumskommission für Westfalen. Münster 2006.
- Heinz-Günter Horn (Hrsg.), Theiss Archäologieführer Westfalen-Lippe. Stuttgart 2008, S. 22–24; 26–28.

Diese vier gut erhaltenen eisernen Reitersporen stammen von der Iburg und datieren in das 12. bis 14. Jahrhundert. Der Radsporn ganz links ist mit rautenförmigen Zinnapplikationen verziert, die auf dem dunklen Eisen hell glänzen.

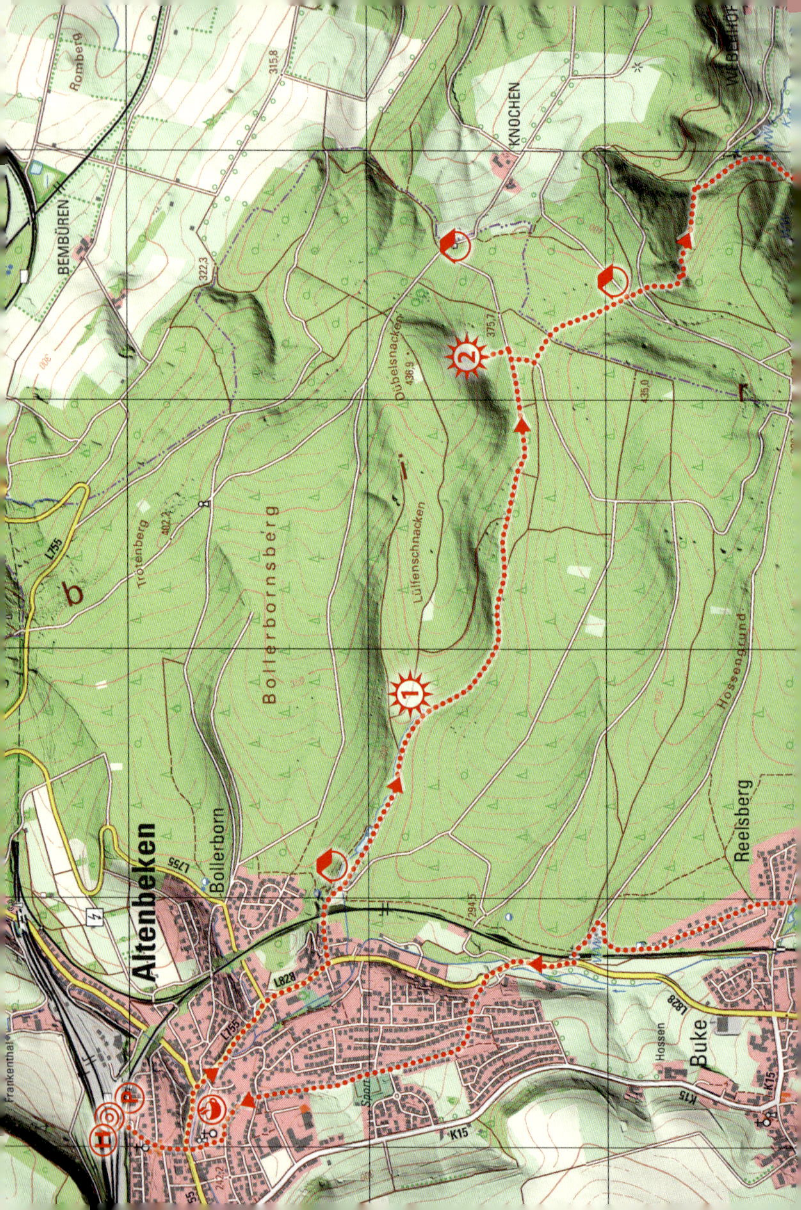

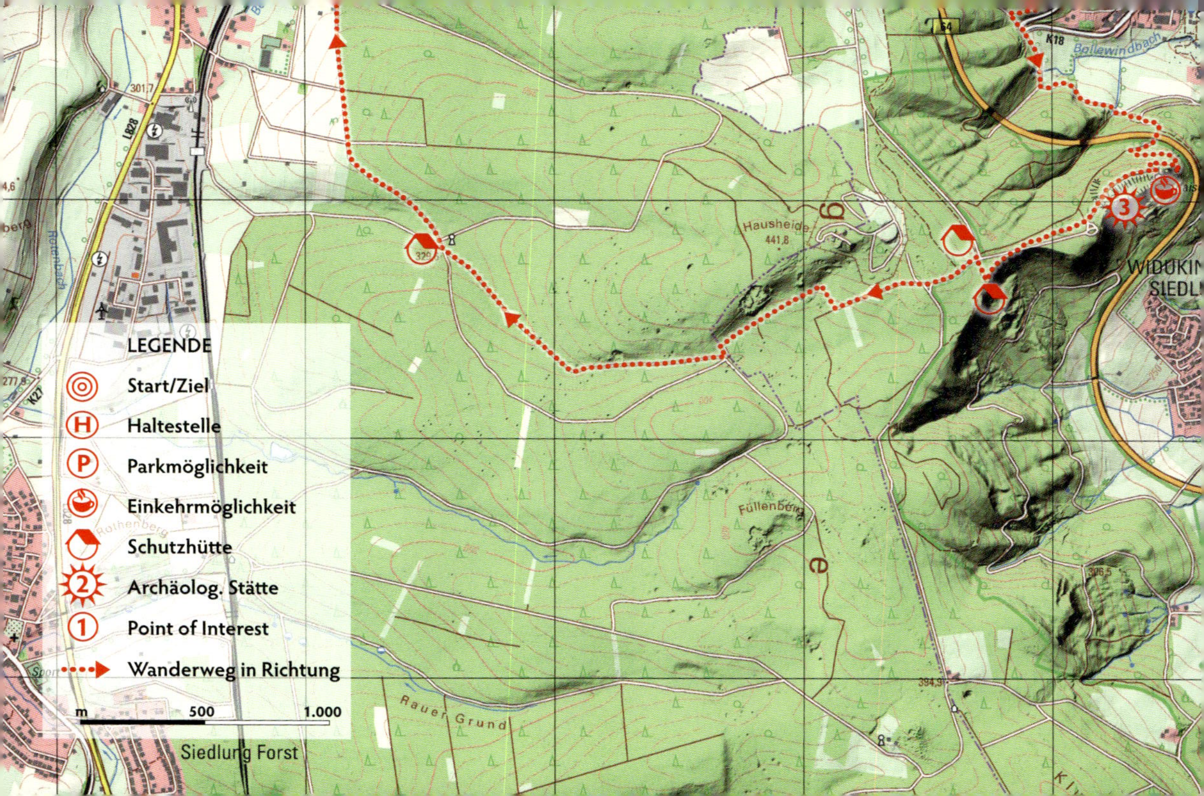
LEGENDE
Start/Ziel
Haltestelle
Parkmöglichkeit
Einkehrmöglichkeit
Schutzhütte
Archäolog. Stätte
Point of Interest
Wanderweg in Richtung
m
500
1.000
Siedlung Forst
Hausheide
441,8
Füllenberg
Rauer Grund
Bollewindbach
Rotenbach
Rothenberg
K18
K27
L828
301,7
277,8
394,9
306,5
329
g
e
3

zum
Steingrab

Wanderung 13

Erdwerk – Steinwerk – Holzwerk – Bollwerk
Das Erdwerk von Warburg-Rimbeck, Kr. Höxter

Bei dieser kulturreichen Route an der Grenze Nordrhein-Westfalens erklimmen Wandernde zwei bewaldete Höhenzüge zu beiden Seiten der Diemel. Zu bestaunen sind archäologische Denkmäler der Jungsteinzeit, der Bronzezeit, des Mittelalters sowie der frühen Neuzeit.

Informationen

Start/Ziel: Bahnhof Scherfede

Weglänge: 15,3 km

Reine Gehzeit: 4:05 h

Steigung: ↗/↘ 269 m

Schwierigkeit: mittelschwere Wanderung mit zwei Steigungen, eine davon steil (Gaulskopf), nicht kinderwagengeeignet (steiler Grasweg und enge Pfade)

Einkehrmöglichkeiten: Bäckerei Lange (»Scherfeder Straße« 42, Warburg-Rimbeck), Hotel Rose (www.hotel-gasthof-rose.de, Warburg-Scherfede)

ÖPNV: Bahnhof Scherfede

Parkplätze: beidseitig an der »Scherfeder Straße« (B 7) nw vom Bahnhof

Markierte Wanderwege: [D], [Otto-Leifeld-Weg] ◘, [X 3]

Wegbeschreibung

Von der Bahnhaltestelle runter an die **Scherfeder Straße**, diese ungefähr auf Höhe der Bushaltestelle überqueren und rechts in den kleinen Fußweg einbiegen. An der Gabelung links der Straße folgen und an der T-Kreuzung links in die **Elisabethstraße**. Rechts in **Zur Märk** einbiegen, die geradeaus als **Zum Weißen Holz** weitergeht. Der Weg führt aus dem Ort heraus und auf den Wald zu. In der Kurve am Waldrand rechts dem Waldweg folgen. An der Gabelung nach links wenden ●. In der Linkskurve wird der Wall des steinzeitlichen **Erdwerks** ① gequert (v.a. auf rechter Wegseite sichtbar) und nach ca. 120 m führt ein Pfad nach links zum **Galeriegrab** ②. Von dort aus führt ein weiterer Pfad rechts wieder zurück zum Hauptweg. Nach 140 m befinden sich auf der linken Seite einige **Hohlwege** und ein Stück weiter eine Wallanlage, die als **Landwehrabschnitt** interpretiert werden

kann. Wenn der Weg aus dem Wald herauskommt, den rechten Weg zwischen den Feldern nutzen. In der Ferne ist der **Desenberg** erkennbar. An der Kreuzung geradeaus, dann dem Asphaltweg rechts um die Kurve folgen bis zur Kreuzung mit Radwegweisern. Hier kurz nach links über die Schienen und wieder rechts dem Weg immer weiter folgen. Die Gleise achtsam überqueren und an der T-Kreuzung mit Wegkreuz rechts abbiegen. Die große Straße (**B 7**) überqueren und geradeaus weiter in den **Rottweidenweg**. Über den Mühlengraben hinweg und an der T-Kreuzung mit der Scheune rechts. Links über die Diemelbrücke und geradeaus dem **Diemelweg** am Sportplatz und der Diemelhalle vorbei folgen. Links in **Asselerfeld** abbiegen und diesem Weg an der Ruine der **Burg Asseln** ③ vorbei folgen. Hinter dem ersten Wohnhaus geht es rechts den Berg (= Gaulskopf) hoch. Oben angekommen an einem Hochstand vorbei gerade aus in den Wald und an der T-Kreuzung links halten. An der nächsten Gabelung scharf rechts in den bergauf führenden Weg **[X 3]** einbiegen. Neben dem Weg verläuft ein tiefer **Hohlweg**. An den folgenden beiden Gabelungen jeweils dem rechten Weg **[X 3]** folgen. Auf der rechten Seite wird der Weg vom Außenwall der **Wallburg Gaulskopf** ④ begleitet. Der **[X 3]** passiert den Hauptwall und etwa 150 m bergab noch einen Vorwall der Burg. Dem Schotterweg nach rechts folgen **[X 3]**. Nach etwa 400 m kommen Wandernde an einem kleinen **Kalksteinbruch** und zugehörigem **Kalkbrennofen** ⑤ vorbei. An der nächsten Gabelung nach links dem **[X 3]** folgen, T-Kreuzung rechts **[X 3]** und den **Leuchteberg** ⑥ umrunden. Unten im Tal angekommen nach rechts dem Asphaltweg folgen **[D]** und den **[X 3]** verlassen. **[D]** führt Wandernde zurück bis zum Bahnhof Scherfede.

Erdwerk ①

Als Erdwerke werden durch Wälle und Gräben eingehegte Areale bezeichnet, deren Funktion sich nicht unmittelbar erschließen lässt. Viele dieser Erdwerke lassen sich anhand der Funde und des Bautyps innerhalb der Jungsteinzeit der sogenannten Michelsberger Kultur (4200–3500 v.Chr.) zuweisen. Bei einigen reicht die Nutzungszeit noch bis in die Zeit der Wartbergkultur (3500–2800 v.Chr.) hinein.

Von der einstigen Wall-Grabenanlage im Weißen Holz bei Rimbeck, die ein lössbedecktes Kalkplateau umschloss, sind heute nur noch muldenförmige Grabenreste erhalten. Diese werden auf der Route gequert, sind allerdings etwa 300 m oberhalb der Abzweigung in den Wald neben dem Asphaltweg besser zu sehen.

Eine bei geomagnetischen Untersuchungen (Exkurs) festgestellte Grabenunterbrechung im Norden stellt vermutlich die ehemalige Torsituation dar. Der Bereich ist heute zugewachsen und nicht zugänglich. Vermutlich wurde das Grabenwerk in einer zweiten Bauphase im Westen noch einmal um etwa 3 ha auf insgesamt 14,5 ha erweitert. Die Bestimmung der Funktion gestaltet sich schwierig und wird bei Erdwerken oft kontrovers diskutiert. Verbreitete Thesen reichen von befestigten Siedlungen über Viehkralen oder Versammlungsorte bis zu Kultplätzen. Funde von Keramik, Tierknochen, Steingeräten und -waffen deuten im weitesten Sinne auf menschliche Aufenthalte, die Anwesenheit von Haustieren (lebendig?) und Jagdtätigkeit hin.

Galeriegrab ②

Im Innenraum des Erdwerks liegen mehrere bronzezeitliche Grabhügel und ein jungsteinzeitliches Großsteingrab der etwas jüngeren Wartbergkultur. Hier wurden über einen längeren Zeitraum wiederholt Menschen bestattet.

Wie es typisch für die Galeriegräber der Wartbergkultur ist (Wanderung 11 ①), war die innen über 13 m lange und 2 m breite Grabkammer in den Boden eingetieft

3D-Modell des Großsteingrabs von Rimbeck

und an den Seiten von plattig gebrochenen Sandsteinen begrenzt. Das rekonstruierte Gewicht der schwersten Platte beträgt 1,7 t. Die aus etwa 3,5 km Entfernung stammenden Steine müssen also in einer gut organisierten Gemeinschaftsleistung hierher transportiert und aufgerichtet worden sein. Den Zugang bildete ein kurzer Gang auf der Mitte der Langseite. Betreten wurde die in der Mitte ca. 1,2 m hohe Kammer etwas unbequem durch eine runde Öffnung von etwa 0,8 m Durchmesser, den sogenannten Türlochstein. Reste der Kammerdecke sind nicht erhalten. Bei vergleichbaren Gräbern kommen Abdeckungen aus Steinplatten oder Holz vor. Ursprünglich überdeckte ein Hügel das Grab.

Im Innern wurden die Knochen von mindestens 150 bestatteten Personen entdeckt. Zudem fanden sich wenige Keramikscherben, einige Steingeräte, darunter mehrere Pfeilspitzen, Tierzähne mit einer Durchbohrung, die als Schmuck getragen wurden, sowie Mahlsteinbruchstücke. Besonders schön ist eine vollständig erhaltene Tasse, die einem modernen Kaffeepott sehr nahekommt.

Burg Asseln ③

Mitten auf dem Acker unterhalb des Gaulskopfs befindet sich die Ruine der einstigen Asseler Burg. Die Mauerreste gehörten zu einem im 14. Jahrhundert errichteten Wohnturm, der bis in das 16. Jahrhundert Bestand hatte. Das rechteckige Areal war von einem Graben umgeben.

Nicht mehr sichtbar ist eine ältere Wallanlage, die sich etwa 50 m hinter der Ruine befand. Es handelte sich um eine kurz vor 1200 errichtete Turmhügelburg, die von einem 14 m breiten Graben und einem davor angelegten 17 m breiten Wall geschützt wurde.

Eine hier befindliche, zur Burg gehörige Siedlung »Aslen« ist bereits für das Jahr 1024 bezeugt. Ehemalige Siedlungen, die noch im Mittelalter aufgegeben wurden bzw. »wüst fielen«, werden als Wüstungen bezeichnet.

Wallburg Gaulskopf ④

Der Bergsporn des Gaulskopfs thront weithin sichtbar über der Asseler Burg. Wandernde betreten die Wallanlage nach einem steilen Anstieg von Osten. Die markanten Wälle stammen von einer umlaufenden Befestigung des frühen Mittelalters. Diese bestand aus einer hölzernen, mit Bruchsteinen verstärkten Front, hinter der von innen zur Stabilisierung Erde aufgeschüttet war. Der Zugang erfolgt noch heute durch das im 8. Jahrhundert errichtete und später verstärkte Kammertor. Ein zweites, vielleicht früheres Tor befand sich 20 m weiter südlich, dort wo der tiefe Hohlweg in die Burg führt. Die frühmittelalterliche Wallburg weist drei Bauphasen auf. Das Fundmaterial, das militärische Ausrüstungsgegenstände, Handwerksgeräte, Alltagsgegenstände und Trachtbestandteile umfasst, datiert in das 7.–10. Jahrhundert. Vier aufeinanderfolgende Hausgrundrisse und drei Gräber bezeugen eine kontinuierlich besiedelte Hofstelle in dieser Zeit. Sie war nicht nur von Wohlstand geprägt, sondern scheint auch die unruhige Zeit der Sachsenkriege überstanden zu haben.

Untersuchungen auf dem Gaulskopf ergaben, dass hier bereits in der Jungsteinzeit gesiedelt wurde. Neben zahlreichen Feuersteinartefakten, Keramik- und Mahlsteinbruchstücken konnten mit großer Wahrscheinlichkeit zwei Hausgrundrisse dem Neolithikum zugeschrieben

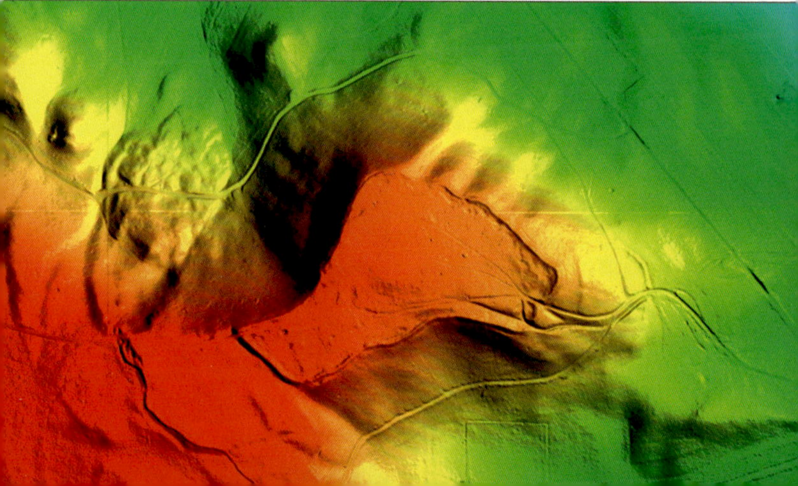

werden. Die auf dem Gaulskopf festgestellte Siedlungstätigkeit scheint zeitgleich zu der im Erdwerk von Rimbeck stattgefunden zu haben. Die Funde können ebenfalls der Michelsberger Kultur zugewiesen werden. Möglicherweise befand sich auf dem Bergplateau ein Erdwerk mit Abschnittswällen, dies ist aber nicht sicher festzustellen. Eine Steinkonzentration entpuppte sich als jungsteinzeitlicher Grabbau. Anders als in Rimbeck war er aber nicht aus großen Steinplatten errichtet, sondern bestand aus einer hölzernen Grabkammer, die mit kleinen Steinplatten verkleidet war. Auch hierbei handelte es sich um ein Kollektivgrab, in dem über einen langen Zeitraum immer wieder Menschen bestattet wurden. Erstmals belegt wurde es zum Ende der Michelsberger Kultur, als die Siedlung wohl bereits aufgegeben war und wurde dann auch in der nachfolgenden Periode der Wartbergkultur, also zeitgleich zum Rimbecker Megalithgrab genutzt.

Kalkbrennofen ⑤

Am Wegesrand liegt in etwa 70 m Entfernung zu einem kleinen Kalksteinbruch und etwa 25 m vom Weg im Wald das Relikt eines Kalkbrennofen aus der frühen Neuzeit. Er hatte einen Durchmesser von etwa 7 m. In solchen Öfen wurde aus Kalkstein Branntkalk für die Mörtelherstellung oder als Düngemittel für die Landwirtschaft gebrannt. Der Stein gibt bei Temperaturen um 1000 °C CO^2 ab und entsäuert so den Kalk.

Der Rest eines weiteren Kalkbrennofens ist links vom Weg kurz vor der nächsten Kreuzung sichtbar.

Leuchteberg ⑥

Auf dem Plateau des Leuchtebergs liegt eine Wandernden leider nicht zugängliche Wallburg, die wenigen Lesefunden zufolge im Hochmittelalter (12./13. Jh.) errichtet und genutzt wurde. Es handelt sich um eine annähernd dreieckige Befestigungsanlage. Auf der höchsten Stelle im Südosten befindet sich die Kernburg, auf der wohl ein Wohnturm stand. Im Nordwesten schließt sich ein trapezförmiger Bereich mit Wirtschaftshof und zwei Kellern an. Während im Nordwesten der Steilhang als Schutz ausreichte, waren die anderen Seiten mit Wällen und Gräben befestigt. Ein zusätzlicher Abschnittswall schützte die Flanke im Nordosten.

Exkurs: Geomagnetik in der Archäologie

Geophysikalische Methoden werden heutzutage in der Archäologie regelmäßig eingesetzt. Sie versprechen gute Erkenntnisse, ohne die Zeugnisse im Boden zu zerstören, wie dies bei einer Ausgrabung geschehen würde. Dazu gehören auch geomagnetische Messungen, wie sie im Erdwerk in Rimbeck zum Einsatz kamen. Mit einem Messgerät, dem Magnetometer, wird das Erdmagnetfeld gemessen. Dieses erkennt selbst kleinste Veränderungen. Solche magnetischen Anomalien können z. B. durch Eisenteile oder Steine hervorgerufen werden. Aber auch Eintiefungen wie Gruben oder Pfostenlöcher und Aufschüttungen wie Wälle zeichnen sich durch die bleibenden Veränderungen im Magnetfeld ab, obwohl sie bereits vor langer Zeit zugeschüttet oder durch natürliche Prozesse verfüllt wurden. Da ein Magnetometer nicht besonders groß ist, werden oft mehrere nebeneinander angeordnet. Gezogen von einem Quad können so große Flächen in relativ kurzer Zeit untersucht werden. Ein GPS-Gerät sorgt gleichzeitig für die eindeutige Verortung der Messergebnisse.

Literatur- und Kartentipps

- Benedikt Knoche, Das jungsteinzeitliche Erdwerk von Rimbeck bei Warburg, Kr. Höxter. Frühe Burgen in Westfalen 20, hg. von der Altertumskommission für Westfalen. Münster 2003.
- Ingo Pfeffer, Der Gaulskopf bei Warburg-Ossendorf, Kreis Höxter. Frühe Burgen in Westfalen 7, hg. von der Altertumskommission für Westfalen. Münster 2015.
- Rudolf Bergmann, Maja Thede, Die Burg auf dem Leuchteberg bei Warburg-Rimbeck. Archäologie in Westfalen-Lippe 2014 (2015) 257–260.
- https://www.altertumskommission.lwl.org/de/forschung/megalithik/das-galerie grab-von-rimbeck/

Diese 2,4 cm breite kreuzförmige Gewandspange vom Gaulskopf stammt aus dem 7. Jahrhundert n. Chr. und ist als christliches Symbol zu sehen. Sie besteht aus purem Gold und ist mit feinem Golddraht verziert.

68
L828
68
318,9
Schützenturm
SCHERFEDE
252
Sandberg
Hammerbach
7
Diemel
205,9
Sport
SCHERFEDE
WEST
252
7
Rimbecker Wald
6
5
LEGENDE
Start/Ziel
Haltestelle
Parkmöglichkeit
Einkehrmöglichkeit
Schutzhütte
Archäolog. Stätte
Point of Interest
Wanderweg in Richtung
m
500
1.000

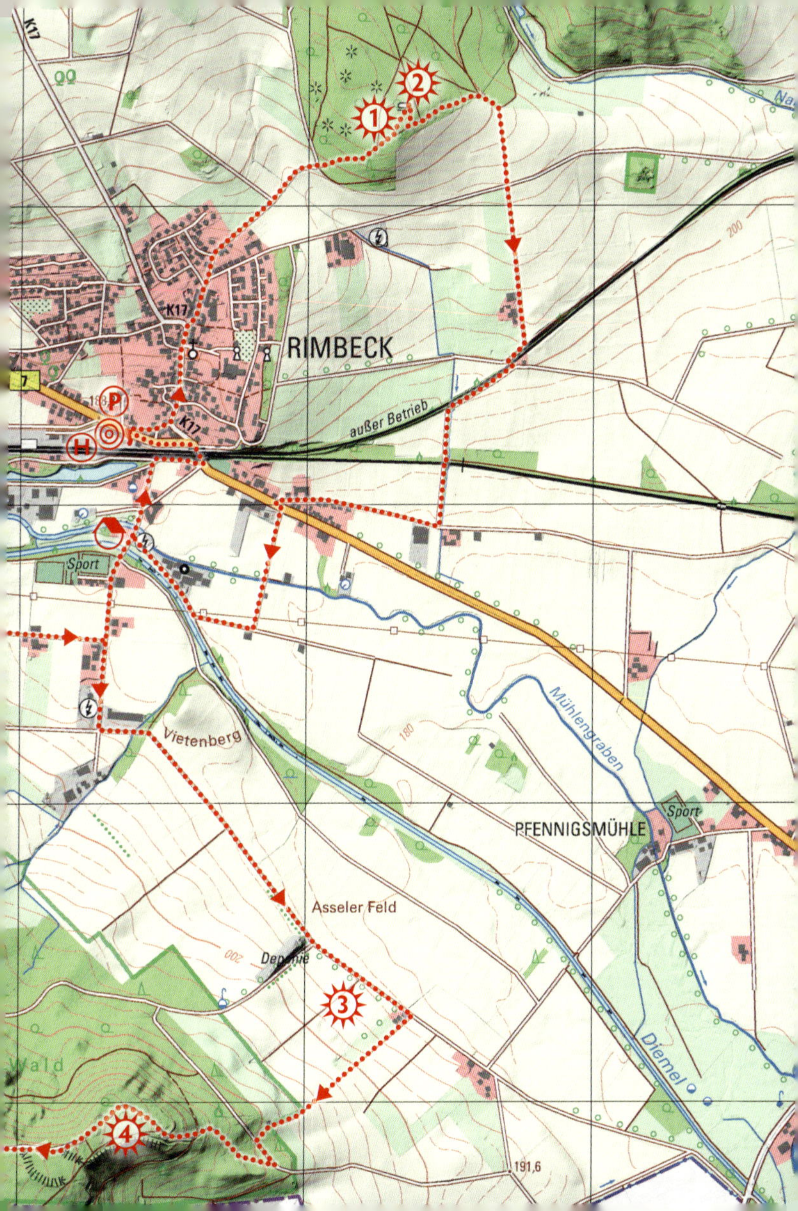

K17
RIMBECK
K17
K17
außer Betrieb
200
Sport
Vietenberg
180
Mühlengraben
Sport
PFENNIGSMÜHLE
Asseler Feld
Deponie
200
Diemel
Wald
191,6

Wanderung 14

Fromme Frauen im Wittekindsland

Das Damenstift in Herford

Mitten durch das Wittekindsland führt diese Wandertour. Mit ihrer 1200 Jahre währenden Geschichte hat die Stadt Herford archäologisch viel zu bieten, aber auch das Umland muss sich nicht verstecken. Mitten im Stadtwald und auf dem Stuckenberg lassen sich zahlreiche spannende Relikte entdecken.

Informationen

Start/Ziel: Bahnhof Herford

Weglänge: 16,8 km

Reine Gehzeit: 4:20 h

Steigung: ↗/↘ 190 m

Schwierigkeit: leichtere Wanderung mit zwei Steigungen, nicht kinderwagengeeignet

Einkehrmöglichkeiten: Waldrestaurant Steinmeyer (www.waldrestaurant-steinmeyer.de), verschiedene in Herford

ÖPNV: Bahnhof Herford

Parkplätze: z. B. Parkhaus Radewig »Wittekindstraße« 22

Markierte Wanderwege: [A 6], [X 9], Stiftsweg, Pilgerweg, [8], [10]

Wegbeschreibung

Vom Bahnhof aus folgen Wandernde nach links dem markierten Zugangsweg zum **[X9]** und ab der Werrebrücke, die überquert wird, dem **[X9]** bis zum Ende des Geländes vom Freizeitbad, wo ein Straßenschild das **Manavgatufer** ausweist. Während der **[X9]** hier abbiegt, folgen Wandernde weiter der Werre bis der Weg kurz vor der Autobahnunterführung links in die Felder abbiegt. Nach Überqueren der Bahnschienen und der darauf folgenden Kreuzung geht es rechts in die **Vlothoer Straße** und direkt wieder links in die **Waldfriedenstraße.** Vor dem Gelände der TG Herford biegt der rechts in den Wald ab, und hinter dem Bach stoßen Wandernde auf die **Landwehr ①**, der sie nun nach links folgen, über die **Stadtholzstraße** hinaus. An der T-Kreuzung rechts und an der folgenden Kreuzung links abbiegen (Schild Richtung Herford/Bismarckturm) **[A6]** und auf dem Wall der **Landwehr ①** an zwei **»Schanzen« ②** entlang. An der Kreuzung mit der Infotafel wenden Wandernde sich nach rechts und an der nächsten Kreuzung erneut nach rechts. An der Gabelung dem linken Weg (bergauf) folgen, danach wieder rechts halten und geradeaus weitergehen. Ein Reitweg wird überquert und an der nächsten Gabelung der linke Weg genommen. Am Ende einer kurvenreichen Strecke befinden sich zwei **Grabhügel ③** links im Wald, von denen zumindest einer noch gut erkennbar ist. Wandernde folgen dem geschotterten Weg weiter durch den Wald und gelangen schließlich links an den **Schießplatz Sugepanne ④**. Auf dem weiteren Weg wird erneut ein Reitweg gekreuzt, an der nächsten Gabelung geht es nach links Richtung Bismarckturm **[8]**/**[10]**. Dieser wird erreicht, wenn Wandernde sich an der folgenden Gabelung links und dann rechts halten. Vom Turm auf dem **Stuckenberg ⑤** aus geht es weiter quer über die Wiese zu ihrem hinteren linken Ende (Holzwippe) und dort die Treppen hinunter. An der Kreuzung folgen Wandernde dem **[X9]** nach links, an der Kreuzung mit dem Notrufstandort U2 rechts, am Restaurant Steinmeyer rechts und weiter bergab. Unten an der T-Kreuzung den **[X9]** verlassen und rechts und an der Gabelung weiter geradeaus dem **Wüstener Weg** folgen bis zur **Vlothoer Straße.** Dort links und die nächste rechts in **Berger Heide.** An der Kreuzung links dem Fußweg am Bach entlang ca. 1 km lang folgen, dann links in **Meierstraße** und wieder links in **Stiftbergstraße.** Rechts führen Treppen auf den **Luttenberg ⑥**, ein Stück weiter führt links ein Serpentinenweg wieder hinunter. Der Asphaltweg wird überquert und halblinks über den gepflasterten Weg (neben einem gelben Haus) wird ein Park erreicht. T-Kreuzung rechts, Gabelung links, links in **Pagenmarkt** und diesem rechts um die Kurve folgen, am besten auf der linken Straßenseite. **Salzufler Straße** überqueren und rechts über die Werrebrücke. Die Straße macht eine Linkskurve und wird zur **Bergertorstraße.** An der Bushaltestelle die Unterführung zum Queren der Straße nutzen, den rechten Aufgang nehmen und dem **Komturweg** Richtung Stadt folgen. Am **Neuen Markt** links in **Höckerstraße.** Der übernimmt nun die Führung durch die Innenstadt, zur **Münsterkirche ⑦** und bis zur **Jakobikirche.** Hier biegt er links ab, während Wandernde geradeaus der **Brudtlachtstraße** am **Gänsemarkt** vorbei folgen und vor dem **Museum Daniel-Pöppelmann-Haus** rechts auf den **Deichtorwall** abbiegen. Ab hier kann der Fahrradbeschilderung zum Bahnhof gefolgt werden.

Landwehr ①

An der »Salzufler Straße«, der Wandernde nur ein kleines Stück folgen, beginnt 250 m weiter stadtauswärts der heute noch sichtbare Teil der Herforder Stadtlandwehr. Hier befand sich zudem einst der »Uffler Baum«, der in Karten des 19. Jahrhunderts noch eingetragen ist. Es handelt sich um den Durchlass dieser bereits im Mittelalter bedeutenden Wegverbindung von Herford nach Bad Salzuflen durch die Landwehr. Der Name »Baum« zeigt, dass sie mit einem Schlagbaum, also einer Art Schranke, gesperrt wurde. Ein sogenannter Bäumer war für das Verschließen am Abend oder bei Gefahr zuständig.

Nach dem Abbiegen von der »Waldfriedenstraße« und der Bachüberquerung im Wald stoßen Wandernde auf die nach links weiterführende Landwehr. Sie besteht hier aus drei Gräben sowie zwei mächtigen Wällen. Letztere waren früher mit undurchdringlichem Dornengebüsch bepflanzt. Im Stadtwald knickt die Landwehr im rechten Winkel nach Nordwesten ab und dient hier als hochgelegener Fußweg. Schließlich stößt sie auf die »Wüstener Straße« und ihr weiterer Verlauf nach Norden kann im Gelände nicht mehr verfolgt werden.

Parallel zum ersten Landwehrstück verläuft jenseits der Autobahn 2 eine weitere Landwehrlinie. Die Wall-Graben-Befestigung ist also im Laufe des Mittelalters versetzt worden. Aus einer Urkunde von 1255 geht hervor, dass die Stadtfeldmark nun von der schon lange bestehenden bis hin zur neu angelegten Landwehr erweitert werden durfte. Herford besaß demnach schon sehr früh eine erste Befestigungslinie, um die landwirtschaftlich genutzten Flächen rund um die Stadt vor Übergriffen zu schützen. Der südlichere Verlauf der jüngeren Anlage liegt genau auf der heutigen Stadtgrenze Herford/Bad Salzuflen.

»Schanzen« ②

Neben dem nach Norden führenden Abschnitt der Landwehr befinden sich rechteckige, schanzenartige Wallstrukturen links vom Weg. Es handelt sich um die Reste ehemaliger britischer Munitionsbunker. Diese gehörten zu den ab 1952 beiderseits der Stadtholzstraße bestehenden ehemaligen Maresfield-Barracks. Die Kaserne mitsamt den Munitionsbunkern wurde 1994 aufgegeben und abgerissen.

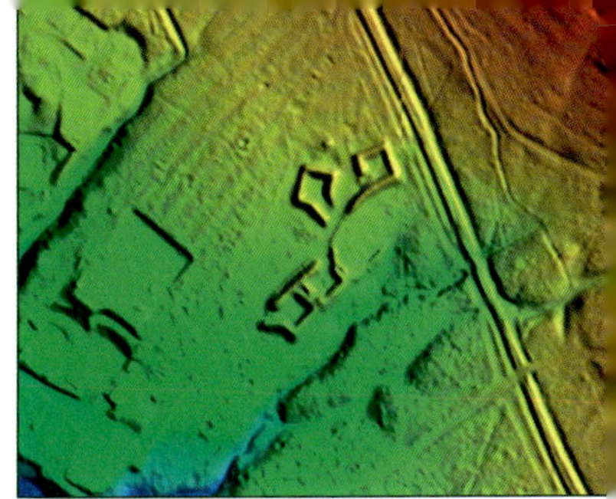

Grabhügel ③ a und b

An zwei Stellen entlang der Wandertour treffen Wandernde direkt neben dem Weg auf Grabhügel (s. Karte). An der ersten Stelle handelt es sich um zwei Hügel, von denen einer noch erkennbar ist **(a)**. Sein Durchmesser beträgt ungefähr 6 m. Aufgrund der Größe wurden die Gräber vermutlich ganz am Ende der Jungsteinzeit oder in der Bronzezeit angelegt, denn zu dieser Zeit waren solche Grabformen typisch (Wanderung 2 ①). Die Körper der Verstorbenen wurden zum Teil in Baumsärgen und in der Regel in ihrer Tracht sowie mit einigen Beigaben ausgestattet beigesetzt.

Kurz vor Erreichen der Schießstände ④ sind links am Hang weitere Grabhügel erkennbar, die aber wesentlich kleiner sind und nur bei genauerer Betrachtung auffallen **(b)**. Auch hier können sie mangels Ausgrabungen nur aufgrund ihrer Größe diesmal der Eisenzeit zugeordnet werden. In dieser Zeit wurden Verstorbene zunächst verbrannt und ihre Asche dann mit oder ohne Urne unter dem Hügel beigesetzt.

Schießplatz Sugepanne ④

Vor dem Anstieg zum Stuckenberg sind links vom Weg im Wald zwei mehr als 200 m lange und bis zu 6 m tiefe, geradlinige Grabenstrukturen im Wald zu sehen. Sie laufen auf den Hang zu und enden in einer extrem steilen Böschung. Hierbei handelt es sich um zwei alte Schießstände bzw. den Schießplatz an der Sugepanne im Stuckenberg. Wie alt sie sind, ist nicht bekannt. Allerdings bestanden sie bereits, als die Herforder Stadtverwaltung drei Wochen nach der »Machtergreifung« Hitlers (30. Januar 1933) eine 100 Mann starke Hilfspolizei zur Durchsetzung der nationalsozialistischen Ziele gründete und diese hier Schießübungen durchführen ließ. Die Hilfspolizei wurde zwar im August desselben Jahres wieder aufgelöst, da es nun die Geheime Staatspolizei (Gestapo) gab, die Schießstände wurden aber noch bis 1945 genutzt.

In der Nähe befanden sich auch drei Militärbunker, von denen die Alliierten zwei sprengten. Der dritte wurde bis auf einen kleinen Schlitz zugemauert und ist nun Heimat von Fledermäusen.

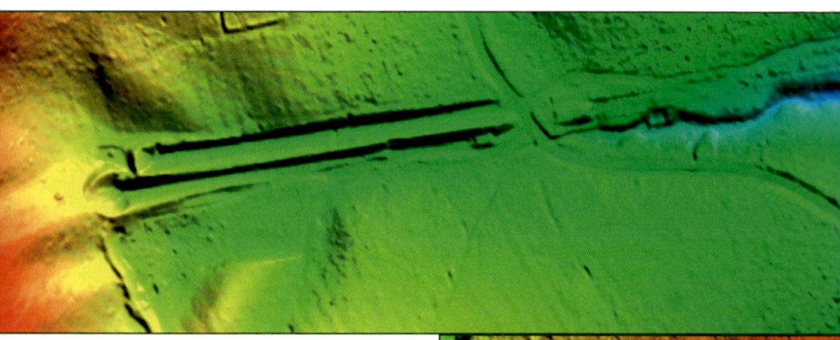

Stuckenberg ⑤

Am höchsten Punkt des Stuckenbergs steht der 1906 errichtete Bismarckturm. Unterhalb des Aussichtsturms fällt eine eingeebnete Fläche auf. Hier fanden zur Zeit des Nationalsozialismus Aufmärsche und Sportveranstaltungen wie das jährliche Bannsportfest der Hitlerjugend statt. Neben einer Aschebahn für Laufwettkämpfe gab es mehrere Weitsprunggruben. Diese sind mitsamt den ca. 20 m langen Anlaufbahnen in dem aus Laserscandaten gewonnenen digitalen Geländemodell, das selbst kleine Erhebungen und Vertiefungen an der Oberfläche abbil-

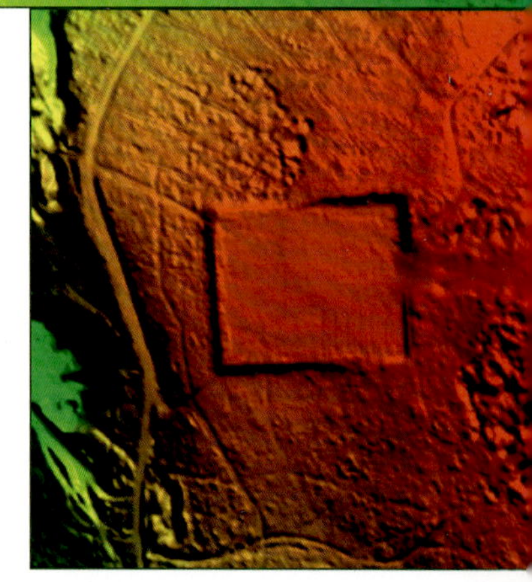

det, im südlichen Bereich sogar noch erkennbar.

Luttenberg ⑥

Auf dem sich auffallend rund und steil über die Stadt erhebenden Luttenberg wird der Standort einer mittelalterlichen Gerichtsstätte vermutet. Auch Thesen über einen heidnischen Kultplatz sind im Umlauf. Möglicherweise stand hier die mittelalterliche Kirche St. Michael.

Die Äbtissin des Herforder Damenstifts ⑦ Godesti gründete 1011 direkt neben dem Luttenberg einen Tochterkonvent für Frauen des niederen Adels. Der Ort wurde aufgrund einer Marienerscheinung ausgewählt (Exkurs).

Münsterkirche ⑦

Um das Jahr 800 ließ der sächsische Adelige Waltger gut geschützt im Winkel zwischen den Flüssen Werre und Aa eine Kirche errichten. Kurz darauf folgte die Gründung eines Klosters für Frauen des hohen Adels. Damit gilt Herford als Standort des ersten Damenstifts auf sächsischem Gebiet. Die Abtei war zudem Keimzelle der Stadt Herford, denn sie zog zahlreiche Handwerker und Kaufleute an.

Der Stiftsbezirk, also das Areal um die Kirche herum, konnte archäologisch untersucht werden. Zur Stiftskirche, die auch Pfarrkirche war, gehörte im Westen und Süden ein großer Friedhof mit über 1000 Bestattungen aus dem 8. Jahrhundert und später. Im Norden zur Wolderuskapelle und zum Stephansplatz hin befanden sich die Klausurgebäude.

Ludwig der Fromme ernannte als fränkischer Herrscher und Sohn Karls des Großen das Herforder Stift 820 zu einem direkt dem König unterstellten Reichsklos-

ter. Weder Bischof noch Papst konnten nun in die Geschicke eingreifen.

926 wurde das Stift von einem ungarischen Heer überfallen und brannte ab. Es wurde danach komplett neu errichtet. Aus dieser Zeit stammen viele der wieder sichtbar gemachten Grundrisse wie zum Beispiel der ehemalige Nordflügel nördlich der Wolderuskapelle. 1220 erfuhr das Gotteshaus einen erneuten Umbau zu einer spätromanischen Hallenkirche, die in der heutigen Münsterkirche noch weitgehend sichtbar ist. Das etwas später entstandene Schlafhaus der Nonnen an der Nordostecke ist ebenfalls noch im Bodenpflaster sichtbar. Von hier gab es eine direkte Verbindung zur Empore in der Kirche, auf der das nächtliche Stundengebet abgehalten wurde. Auf der Mitte des heutigen Rathausplatzes hatte die Äbtissin sich um 1300 eine Residenz bauen lassen. Zudem befanden sich hier die Abteigärten. Nach der Säkularisation 1810 kaufte ein Unternehmer das Abteigebäude und richtete dort eine Spinnerei ein. Der extra gebaute Wasserkanal, der ein Wasserrad antrieb, ist bis heute vorhanden. Auch einige weitere Kurien (= Wohnhäuser der Stiftsdamen) sind noch aus barocker Zeit erhalten, ältestes erhaltenes Beispiel ist das Haus Nr. 7 in der Elisabethstraße.

Die barocke Wolderuskapelle birgt das Grab des Stifters Waltger, der aufgrund von Wundern, die hier geschehen sein sollen, seit dem 11. Jahrhundert besonders verehrt wurde. Daher erhielt er nachträglich eine Grabkapelle, die in barocker Zeit erneuert wurde.

Derzeit wird im Rahmen eines »Archäologischen Fensters« eine zeitgemäße Präsentation der Ausgrabungsergebnisse vorbereitet.

Exkurs: Marienvision auf dem Luttenberg

Im 10. Jahrhundert erschien auf dem Luttenberg in Herford einem Hirten die Jungfrau Maria mit einer Botschaft an die damalige Äbtissin Ymma. Der Hirte verlangte ein Zeichen, damit ihm als Überbringer der Nachricht geglaubt werde. Als er die Äbtissin auf den Berg geholt hatte, erschien Maria beiden als weiße Taube und ließ sich auf einem Baum nieder. Der Baumstumpf wird seitdem als Reliquie in der Kirche verehrt und zieht viele Wallfahrende an.

Der Sage nach gibt es vom Kantorhaus ausgehend einen unterirdischen Gang in den Luttenberg hinein. Am Ende des Ganges wiegt eine verwunschene Prinzessin ihr Kind in einer goldenen Wiege. Ihr beruhigender Gesang ist bei schönem Wetter zu hören. Legt nur das Ohr auf die Erde!

Kein Ausdruck klösterlicher Keuschheit ist dieser Dildo aus Hohlglas aus dem 16. Jahrhundert, der in der Latrine der Äbtissin gefunden wurde. Glas als Material mag seltsam anmuten, war aber mit warmem Wasser gefüllt wohl durchaus angenehm.

Literatur- und Kartentipps

- Matthias Wemhoff, Kanonissenstift Herford – Herford, Kr. Herford. In: Heinz-Günter Horn (Hrsg.), Theiss Archäologieführer Westfalen-Lippe. Stuttgart 2008, 39–44.
- Elke Treude/Daniel Bérenger, Ostwestfalen-Lippe. Ausflugsziele zwischen Detmold, Bielefeld und Porta-Westfalica. Ausflüge zu Archäologie, Geschichte und Kultur 50. Stuttgart 2009, S. 129–132; 214–216.
- https://www.herford.de/index.php?NavID=2593.25

NEUSTÄDTER FELDMARK
HERFORD
K7
L778
L712
K5
Sport
Bad
Stadion
Werre
239
ALTSTÄDTER
FELDMARK
HEIDSIEK
HEINRICH-DRAKE-
LEGENDE
Start/Ziel
Haltestelle
Parkmöglichkeit
Einkehrmöglichkeit
Schutzhütte
Archäolog. Stätte
Point of Interest
Wanderweg in Richtung
m
500
1.000

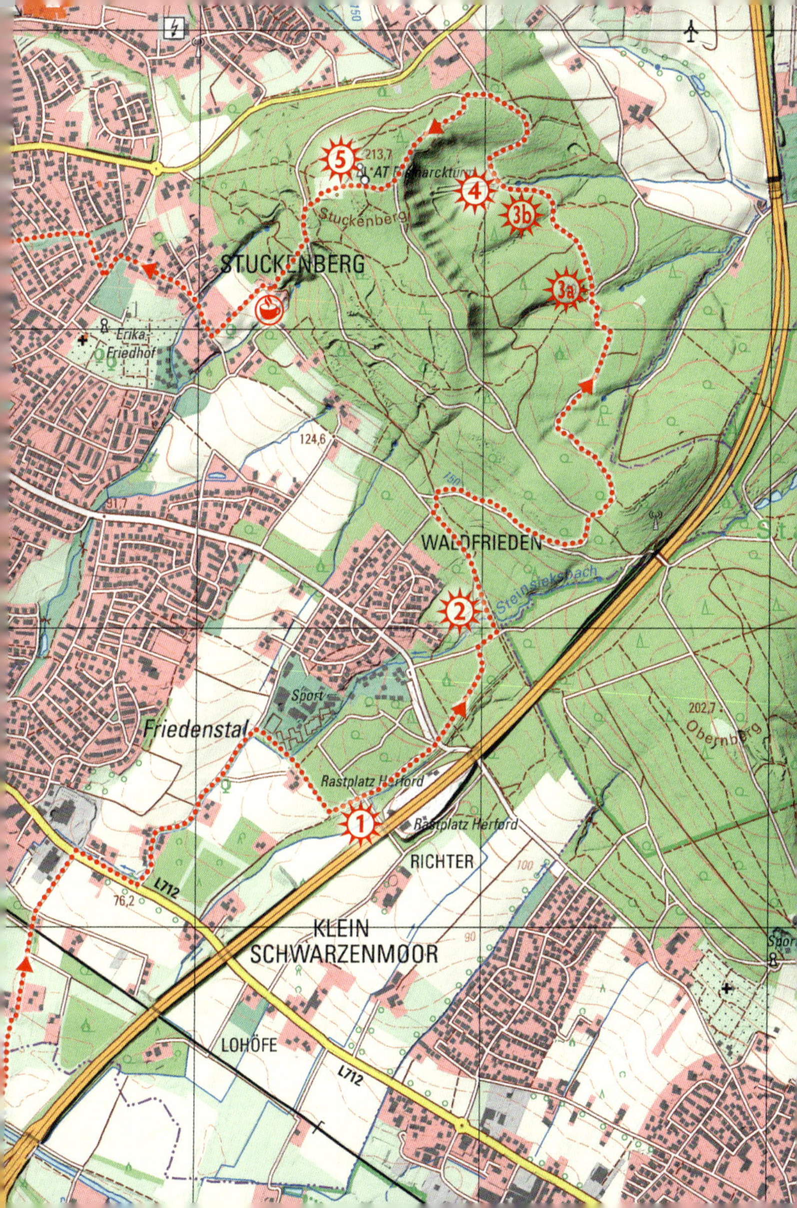
STUCKENBERG
Stuckenberg
213,7
AT Bismarcktürm
Erika-Friedhof
124,6
WALDFRIEDEN
Steinsiekbach
Sport
Friedenstal
Rastplatz Herford
Rastplatz Herford
RICHTER
202,7
Obernberg
L712
76,2
KLEIN
SCHWARZENMOOR
LOHÖFE
L712
100
90
150

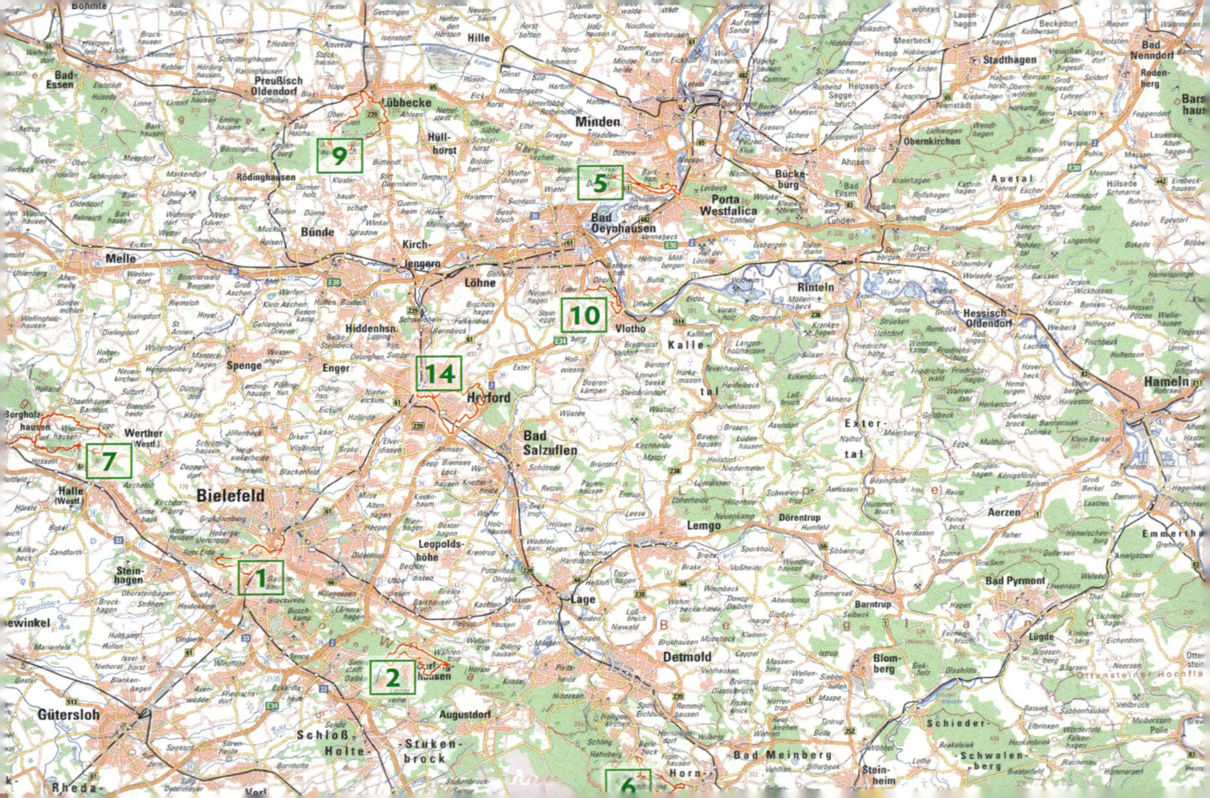

Minden
Bielefeld
Herford
Detmold
Hameln
Lemgo
Gütersloh
Bad Salzuflen
Bad Oeynhausen
Lübbecke
Rinteln
Bad Pyrmont
Lage
Enger
Spenge
Melle
Bünde
Löhne
Vlotho
Porta Westfalica
Stadthagen
Hessisch Oldendorf
Aerzen
Blomberg
Lügde
Augustdorf
Halle (Westf.)
Werther (Westf.)
Steinhagen
Leopoldshöhe
Hüllhorst
Hille
Preußisch Oldendorf
Bad Essen
Rödinghausen
Bückeburg
Obernkirchen
Bad Nenndorf
Barntrup
Dörentrup
Bad Meinberg
Steinheim
Schloß Holte-Stukenbrock
1
2
5
6
7
9
10
14

Rietberg
Delbrück
Langenberg
Lippstadt
Geseke
Salzkotten
Erwitte
Anröchte
Büren
Rüthen
Warstein
Bestwig
Brilon
Bad Wünnenberg
Paderborn
Borchen
Bad Lippspringe
Altenbeken
Bad Driburg
Brakel
Nieheim
Höxter
Beverungen
Lichtenau
Willebadessen
Borgentreich
Warburg
Marsberg
Volkmarsen
Bad Arolsen
Hofgeismar
Calden
Zierenberg
Kassel
3
4
8
11
12
13
km
10
20

Abbildungsnachweise

Wanderkarten: Ulrich Haarlammert; Kartengrundlage: Land NRW [2022] – Lizenz dl-de/zero-2-0

Fotos: soweit nicht anders genannt von Ulrike Steinkrüger

Georg Agricola, De re metallica, Libri XII, 1556. Nachdruck Wiesbaden 2003: **98**

Altertumskommission für Westfalen/ nach Langewiesche 1908: **67**

Altertumskommission für Westfalen/ Leo Klinke: **72, 144/145** u, **170** u

Altertumskommission für Westfalen/ Thomas Maertens: **66** re

Archäologisches Freilichtmuseum Oerlinghausen/Karl Banghard: **33**

Gesellschaft zur Förderung der Archäologie in Ostwestfalen e.V./Boris Nasdalack, United Paint GmbH: **69** u

Detlef Grzegorczyk u.a., Anwendung des Denkmalschutzgesetzes von Nordrhein-Westfalen im Bereich der Paläontologie – mit einer Beispielsammlung paläontologischer Bodendenkmäler in Münster. Geologie und Paläontologie 63, 2005, S. 5–49, Abb. 1: **99**

Land NRW [2022] – Lizenz dl-de/zero-2-0: **41** o (Ausschnitt aus der Preußischen Uraufnahme 1836–1850), **97** re (Orthofotos von 2022 und 1988)

Lippisches Landesmuseum/Jürgen Ihle: **86**

LWL-Archäologie für Westfalen: **14**

LWL-Archäologie für Westfalen/ Daniel Bérenger: **135** u

LWL-Archäologie für Westfalen/ Rudolf Bergmann: **158** o, **158** m

LWL-Archäologie für Westfalen/ Stefan Brentführer: **21, 45, 59, 69** o, **73** u, **87, 111** u, **113, 125, 137, 163** o, **175, 187**

LWL-Archäologie für Westfalen/ Katja Burgemeister: **43**

LWL-Archäologie für Westfalen/ Tamara Diekmann: **174**

LWL-Archäologie für Westfalen/ Thomas Kalak: **73** o

LWL-Archäologie für Westfalen/ Bodo Kleiber: **18** u

LWL-Archäologie für Westfalen/ Rudolf Klostermann: **108**

LWL-Archäologie für Westfalen/Ingo Pfeffer; Kartengrundlage: Land NRW [2022] – Lizenz dl-de/zero-2-0: **30** o, **53** li, **68** o, **121, 123, 135** o, **147** u, **159, 172, 173** re, **183** o, **184**

LWL-Archäologie für Westfalen/ Bettina Tremmel; Kartengrundlage: Land NRW [2019] – Lizenz dl-de/zero-2-0: **31**

©LWL-Medienzentrum für Westfalen: **58** (1988)

LWL-Museum für Kunst und Kultur, Westfälisches Landesmuseum, Münster/Münzkabinett: **149**

LWL-Museum in der Kaiserpfalz, Paderborn/N. Baumann: **44**

Mathias Polster, Herford: **178/179**

ReunionMedia, Emden: **109**

Ruhr-Universität Bochum/Baoquan Song: **107**

Stadtarchäologie Höxter/R. Schlotthauber: **53** re

Stadtarchiv Bielefeld, 400_8_Nr. 243 (Ausschnitt): **20**

Stadtbibliothek im Bildungscampus Nürnberg, Amb.317.2°,f.20v.: **136**

Miniatur in einer Handschrift von Martin Le France, Le champion des dames, 1451; Wikimedia Commons | Historiograf: **148**